LA

FERME CAUCHOISE

LES VACANCES MISES A PROFIT

PAR J. VITAL

M. & Cie

ROUEN

MAISON MÉGARD ET Cie, ÉDITEURS

E. VIMONT EX-ASSOCIÉ SUCCESSEUR

BIBLIOTHÈQUE MORALE

DE

LA JEUNESSE

PUBLIÉE

AVEC APPROBATION

Mégard & Cie   La Ferme Cauchoise.

L'AGRICULTURE PRATIQUE.

LA

FERME CAUCHOISE

ou

LES VACANCES MISES A PROFIT

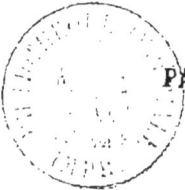

PAR J. VITAL

ROUEN

E. VIMONT, LIBRAIRE-ÉDITEUR

1861

Avis de l'Éditeur.

L'Éditeur de la **Bibliothèque morale de la Jeunesse** a pris tout à fait au sérieux le titre qu'il a choisi pour le donner à cette collection de bons livres. Il regarde comme une obligation rigoureuse de ne rien négliger pour le justifier dans toute sa signification et toute son étendue.

Aucun livre ne sortira de ses presses, pour entrer dans cette collection, qu'il n'ait été au préalable lu et examiné attentivement, non-seulement par l'Éditeur, mais encore par les personnes les plus compétentes et les plus éclairées. Pour cet examen, il aura recours particulièrement à des Ecclésiastiques. C'est à eux, avant tout, qu'est confié le salut de l'Enfance, et, plus que qui que ce soit, ils sont capables de découvrir ce qui, le moins du monde, pourrait offrir quelque danger dans les publications destinées spécialement à la Jeunesse chrétienne.

Aussi tous les Ouvrages composant la **Bibliothèque morale de la Jeunesse** sont-ils revus et approuvés par un Comité d'Ecclésiastiques nommé à cet effet par MONSEIGNEUR L'ARCHEVÊQUE DE ROUEN. C'est assez dire que les écoles et les familles chrétiennes trouveront dans ma collection toutes les garanties désirables et que je ferai tout pour justifier et accroître la confiance dont elle est déjà l'objet.

LA

FERME CAUCHOISE.

I.

PROJET DE VOYAGE.

Quatre ans s'étaient écoulés depuis que la famille Gérard avait accompli l'excursion au bord de la mer dont nous nous sommes fait l'historien (1). Émile et Henri, devenus de grands garçons, avaient constamment remporté les premiers prix, et leur jeune sœur faisait, par son assiduité et ses bonnes qualités, la joie et l'orgueil de sa mère.

Diverses circonstances avaient empêché M. Gérard de renouveler un voyage qui avait laissé d'heureux souvenirs dans l'esprit de ses enfants. Libre enfin de leur donner ce plaisir, il chercha encore

(1) *Quinze Jours de Vacances, Promenades au bord de la mer* (Bibliothèque morale de la Jeunesse).

à le leur rendre profitable. D'ailleurs, comme son fils
aîné devait avoir bientôt à choisir une profession,
il voulait le mettre à même d'établir une comparaison
entre les diverses industries. Il désirait pour cela
mettre les vacances à profit.

  — Vous avez contemplé, dit-il à ses enfants, réunis autour de lui, les grandes falaises qui s'étendent de chaque côté du port de Fécamp ; vous avez
admiré la profonde sagesse du Créateur, qui a placé
dans l'espace occupé par les océans un si grand
nombre d'êtres de formes variées. Aujourd'hui,
je veux appeler votre attention sur les végétaux dont l'homme a su tirer parti, sur les animaux
qu'il a rendus dociles et qui font sa richesse, sur
cet art dont les progrès constants assurent l'alimentation des habitants de la France et dont on
apprécie si bien les services : l'agriculture. Autrefois
le laboureur ne raisonnait pas, il repoussait toute
innovation. Se bornant à suivre les traditions
bonnes ou mauvaises, il entr'ouvrait péniblement
la terre, lui confiait des semences, et attendait
de la fertilité naturelle du sol, un produit qui lui
faisait souvent défaut. Il n'en est plus de même. La
culture est l'objet d'une étude approfondie ; elle
appelle à son aide la physique, la chimie, la mécanique ; on en a fait une industrie dont les opérations multiples demandent un grand savoir et un
jugement solide. Cependant l'agriculture est encore
en retard dans un trop grand nombre de contrées ;
mais le département de la Seine-Inférieure est entré franchement dans la voie du progrès ; le conseil général, appréciant les efforts et l'intelligence
de nos cultivateurs, a eu la bonne idée de charger

M. J. Girardin de répandre l'instruction agricole
dans les campagnes. Les conférences de l'habile
professeur ont introduit une foule d'améliorations
précieuses (1). Pour vous mettre à même de comprendre l'importance de l'art agricole, je veux vous
faire visiter une ferme établie et dirigée par l'un de
mes bons camarades de collège. Il se fera un plaisir
de vous faire un petit cours de culture, tout simple,
tel que vous puissiez bien comprendre les ressources
et les exigences de cet art. Je dois cependant vous
avertir que la ferme du Mont-Gaillard, située en
plein pays de Caux, dans le canton de Fécamp,
n'est pas un établissement ordinaire. M. Dugard
disposait d'une fortune assez considérable qui lui a
permis de l'organiser d'une manière complète. Les
fermiers, au contraire, sont forcés de tirer parti de
bâtiments d'exploitation mal construits, mal distribués. Ils sont souvent tenus par les conditions de
leur bail de suivre un assolement nuisible aux inté-
rêts de tous. Mais, en général, la terre est bien
soignée dans la partie du pays de Caux que nous
visiterons; chacun y réalise tous les progrès com-
patibles avec ses ressources, et a surtout le bon
esprit d'imiter toutes les méthodes qu'il voit réussir
chez ses voisins. Aussi serez-vous étonnés du revenu
que l'on tire d'exploitations d'une étendue relativement peu considérable. L'intelligence, l'ordre et
le travail assurent aux cultivateurs cauchois une
honnête aisance. C'est plaisir de les voir, élégam-

---

(1) Ces leçons n'ont pas été interrompues par le
changement de résidence de M. Girardin, M. Morière les
continue.

ment vêtus, se rendre dans des voitures confortables, traînées par des chevaux de luxe, au marché de Fécamp, de Goderville ou de Valmont, accompagnés de dames qui ont remplacé le costume traditionnel des maîtresses de ferme par les créations capricieuses de la mode.

Comme on devait partir le lendemain même, toute la soirée fut consacrée à la confection des paquets ; on ne se coucha que lorsque tout fut prêt.

II.

L'ARRIVÉE.

Tandis que certaines villes semblent s'engourdir et restent stationnaires, d'autres, au contraire, prennent un accroissement rapide et se transforment en quelques années. Ainsi en est-il de Fécamp. A son premier voyage, la famille Gérard avait dû quitter le chemin de fer pour accomplir un trajet de vingt-quatre kilomètres dans une voiture incommode; elle fut agréablement surprise d'arriver en wagon jusqu'à l'extrémité du bassin. La voie qui serpente dans le vallon des Petits-Ifs coupe une côte par une tranchée profonde, plonge sous les

rues, et décrit sa dernière courbe au milieu de la
Retenue.

Nos voyageurs descendirent de voiture tout près
de la Levée, sur un immense remblai où s'élèvent
de vastes magasins.

Ils remarquèrent, en se rendant chez M. Dumont,
une foule de constructions nouvelles, des rues élargies, et prirent surtout un singulier plaisir à voir
les wagons glisser le long des navires, sur les rails
qui s'étendent sur toute la longueur des quais.

M. Dugard les attendait là ; et comme les travaux
de la moisson étaient en pleine activité, il se montra
fort empressé de rejoindre sa maison.

— Trêve de compliments, dit-il dès l'abord ; ser-
rez la main de votre ami, que vous viendrez voir
l'un de ces jours, et montons en voiture. Vous me
présenterez chemin faisant votre chère famille ; de
cette façon, nous ne ferons pas trop attendre ma
femme, qui prépare le dîner. Nous gagnerons en
outre un temps précieux ; car, pour nous surtout,
le temps c'est de l'argent. Les seigles sont bas, et
le blé attend les faucheurs ; une grande partie de
ma petite fortune est dehors, exposée au soleil et
aux orages ; je dois avoir l'œil partout, mais ma
surveillance seule est nécessaire. J'aurais donc le
loisir d'initier vos enfants aux connaissances élémen-
taires que tout le monde devrait posséder. Ils me
suivront à travers champs, nous causerons en nous
promenant ; ce qui est bien la plus agréable manière
et la plus instructive façon de causer.

Le dîner était prêt, et l'on se mit aussitôt à table.
On pense bien que le beurre récemment battu, les
œufs frais, la crème la plus délicate, tinrent une

place honorable, à la grande joie des jeunes gens.

Après le dîner, M. Dugard invita ses petits amis à le suivre, pour voir en détail une ferme cauchoise.

— Mon bon Gérard, dit-il, et vous, ma chère dame, vous avez besoin de repos ; si vous le voulez bien, la maîtresse, — comme nous disons, nous autres paysans, — vous tiendra compagnie, pendant que nous courrons les champs.

III.

LA FERME DU MONT-GAILLARD.

La maison de maître et les bâtiments d'exploitation de la ferme du Mont-Gaillard enceignent un vaste parallélogramme dont le côté nord est occupé par la maison, et les côtés est et ouest par les écuries, les étables, la bergerie, la grange, les remises, etc.

La porte principale est placée au sud, au milieu d'une claire-voie soutenue par un mur d'appui. Deux petites portes de service existent de chaque côté, entre l'habitation et les dépendances qui en sont éloignées de vingt mètres. On ne peut pas entrer dans cette enceinte sans être vu ; la surveillance est facile sur tous les points.

Les constructions s'élèvent au milieu d'un vaste verger, planté de pommiers à cidre et de quelques grands poiriers, enclos par une levée de terre garnie d'une double rangée d'arbres de haut jet, qu'on appelle fossé dans le pays. Cette dernière disposition, commune à toutes les *masures* du pays de Caux, a été indiquée par les conditions climatériques de cette contrée, soumise à l'action des vents qui soufflent de la mer. Ces masses de verdure, disséminées dans une campagne accidentée, offrent un charmant coup d'œil.

Au Mont-Gaillard, on a planté en outre, à l'extérieur, une ligne de sapins de Normandie qui abritent la cour en tout temps.

Émile et Henri admirèrent l'ordre qui régnait partout. L'écurie et la bergerie étaient veuves de leurs hôtes habituels; mais de superbes vaches, aux mamelles gonflées de lait, mangeaient à des râteliers bien garnis. Des poules, des dindons, picoraient çà et là, des pigeons roucoulaient sur les toits, des oisillons sifflaient des airs joyeux sur les hautes branches, et un magnifique paon — le luxe des fermes cauchoises — étalait avec orgueil les couleurs variées de ses longues plumes.

A quelques pas de la ferme, les faucheurs abattaient le blé, ramassé aussitôt par des femmes; des ouvriers en formaient des gerbes, en réunissaient un certain nombre en faisceaux, puis les coiffaient d'une gerbe renversée. Cet assemblage figurait une cabane ronde, surmontée d'un toit conique.

Tous travaillaient avec ardeur, sans relâche; car il fallait se hâter et profiter du beau temps pour mettre les récoltes à l'abri d'un changement at-

mosphérique. La sueur ruisselait sur leurs fronts
en gouttes colorées par le soleil couchant. Ils chan-
taient pourtant de vieilles chansons naïves, ap-
prises aux générations nouvelles par les générations éteintes.

C'est que les ouvriers des campagnes acceptent
leur lourde tâche comme un devoir. Ils demandent
à Dieu leur pain de chaque jour en suivant la grande
loi du travail; car ils n'ignorent pas que l'homme a
été mis sur la terre pour la féconder au prix de ses
sueurs.

A ces hommes, hâlés par le soleil, nous devons
le pain, qui forme la base de l'alimentation, la
viande, que l'art des cuisiniers rend plus délicate;
et comme s'ils sentaient ce que la société entière
attend de leurs fatigues, ils accomplissent simple-
ment et avec joie le travail qui couvre le sol de
splendides moissons.

Tandis que nos promeneurs parcouraient les
champs et pénétraient dans un taillis voisin, le
jour avait disparu; la lune montrait déjà son disque
argenté sur l'horizon. Le vent et les oiseaux se tai-
saient; on n'entendait plus que le chant des gril-
lons et la voix des moissonneurs. Mais l'heure du
repos était venue, et M. Dugard l'annonça à ses
ouvriers.

Comme la moisson est une fête pour ces hommes
laborieux, ils improvisèrent une ronde dans la cour.
On eût dit que la fatigue de la journée ne comptait
pas. Il fallut que le maître leur rappelât encore qu'il
était tard et qu'on devait se lever de grand matin.

IV.

ENSEMBLE DE LA FERME.

Je vous ai promis, dit M. Dugard, de vous donner
une idée exacte de l'art agricole ; je le ferai simple-
ment, en écartant soigneusement tous les termes
scientifiques et de manière à piquer votre curiosité.
A vous, après cela, d'acquérir les connaissances
nécessaires pour bien vous rendre compte de l'influence du climat, des constitutions diverses du sol,
des combinaisons chimiques qui se forment dans
les engrais et au sein de la terre. Il nous faudrait
une année entière pour aborder toutes ces ques-
tions. Je ne ferai certainement pas de vous des cultivateurs ; mais j'espère vous faire connaître suffisamment les ressources de l'agriculture pour vous
engager à l'étudier d'une manière sérieuse. Si vous
ne choisissez pas cette profession, vous serez du
moins à même de donner des indications utiles aux
hommes pratiques auxquels l'étude a fait défaut.
Si vous vous fixiez jamais dans l'une de ces parties
de la France, trop nombreuses encore, où d'im-

menses étendues de terre sont entièrement perdues pour la production, vous pourriez dire ce que vous avez vu chez nous et engager à nous imiter.

Je dois vous dire avant tout comment je me suis fait laboureur.

Mon père, mort jeune encore, m'a laissé soixante hectares de terre — cette terre même que nous visitons — et une somme assez importante dont il me fallut déterminer l'emploi. J'achevai alors mes études, en les complétant par des cours de chimie et de physique. Après de mûres réflexions, je crus ne pouvoir mieux faire que d'exploiter moi-même le domaine paternel. Pour me préparer à la profession que je choisissais librement, je passai deux années dans une ferme dirigée par un ami de ma famille; j'acquis là les connaissances nécessaires pour commencer mon œuvre.

Les bâtiments de la ferme étaient vieux, mal distribués, mal aérés; je résolus de les reconstruire en entier; et j'en arrêtai le plan, après avoir fait choix du meilleur emplacement.

L'habitude que l'on a dans le pays de séparer en de grandes divisions les diverses parties de l'exploitation me parut bonne, en ce qu'elle expose moins aux risques d'un incendie; je l'adoptai, mais avec quelques modifications. Ainsi, au lieu de tracer une seule cour énorme, de jeter les constructions çà et là, je formai une enceinte de bâtiments et de murs peu élevés, entourée elle-même par un vaste verger. J'y trouvai l'avantage de rendre la surveillance facile, en faisant de la sorte exécuter toutes les opérations intérieures sous mes yeux.

La maison s'éleva sur de grandes caves, le plancher du rez-de-chaussée fut posé à un mètre du sol, et les chambres occupèrent le premier étage. J'évitai ainsi la dépense des celliers, si incommodes et si difficiles à défendre contre la gelée, les interminables toitures des habitations basses qui, outre qu'elles occupent une étendue de terre considérable, sont très-malsaines et à peu près inhabitables; j'eus donc, pour une dépense égale, une habitation très-saine, très-confortable, que mes voisins appellent un château.

En général, les bâtiments où l'on enferme les bestiaux sont trop petits et privés d'air. Je me gardai bien de suivre un si mauvais exemple; j'en calculai les dimensions sur le nombre de bêtes qu'ils devaient contenir; j'eus soin surtout de leur donner une hauteur suffisante. Chacun d'eux possède une citerne recevant l'eau de pluie qui tombe sur les toits, recouverts de tuiles dures et légères. Nous ne manquons donc jamais d'une eau saine et abondante, que les gens de service puisent à l'aide de pompes bien établies.

Je vous dirai plus tard les détails d'aménagement dans lesquels il m'a fallu entrer, et je vous en ferai sentir l'importance, en énumérant les soins qu'il faut donner aux bestiaux.

Outre la charretterie — que je fis avec raison plus grande que je ne le croyais nécessaire — le four, le pressoir, etc., je laissai libre un bout de bâtiment dont je n'avais pas déterminé l'emploi. Bien m'en a pris; car j'y ai établi une fabrique d'alcool de betteraves, qui m'a permis d'augmenter le nombre de mes bestiaux; et vous verrez combien cela est important.

La *fumière* a paru médiocrement vous intéresser ; elle m'a cependant coûté de grands soins. Cette masse, dégoûtante pour les citadins, étant la véritable richesse du cultivateur, doit être l'objet d'études constantes et d'efforts soutenus.

Puis, tout cela réglé à l'avance, avec le soin qu'on apporte à l'établissement d'une fabrique, je procédai à l'examen du sol sur lequel je devais opérer. Je ne me suis mis à l'œuvre qu'après m'être bien rendu compte de sa composition.

Mes soins ont été bien payés ; car mes granges reçoivent les plus belles récoltes du pays. Je puis le dire sans être taxé d'orgueil ; car je n'oublie pas d'en remercier Dieu, qui a créé la terre, les végétaux et les animaux dont je tire parti, et qui a bien voulu me donner l'intelligence nécessaire pour mener mon œuvre à bien. Je n'oublie pas non plus que je dois à la prévoyance de mon père d'avoir pu réaliser tout d'un coup des améliorations qui, sans cela, auraient exigé ma vie entière.

Je me fais aussi un devoir de me rappeler qu'une part du superflu du riche appartient au pauvre ; qu'il lui faut tendre une main secourable à l'homme probe et laborieux qui est impuissant à écarter les atteintes de la misère.

Ces préceptes, mes amis, resteront gravés dans vos cœurs. Vous les mettrez en pratique, lorsque vous aurez aussi à vous créer une carrière. Je souhaite que, comme moi, préférant la campagne à la ville, vous demandiez à notre mère nourricière l'aisance dont elle se montre prodigue envers tous.

V.

LE SOL. — INFLUENCE DE LA VÉGÉTATION.
— ENGRAIS.

La croûte du globe se compose de roches, de nature diverse, dont les parties les plus exposées aux influences de l'air se sont désagrégées et forment ce que l'on appelle le sol arable, qui, lui-même, repose sur ce sous-sol. La première couche, renfermant des débris de végétaux accumulés depuis des siècles, forment l'*humus* ou *terreau*, sur lequel la pluie, la neige, les vents déposent des principes salins, facilement assimilables par les plantes, dont ils hâtent la végétation.

La nature du sol varie donc d'une contrée à l'autre.

Je vais énumérer brièvement les diverses parties qui
le constituent dans notre pays.

L'*argile* provient de la décomposition des roches
schisteuses ; elle est très-compacte, se divise difficilement, et retient si bien l'eau, qu'on l'emploie
pour garnir les parois des *mares*, sortes de réser-
voirs très en usage dans les plaines cauchoises. Elle
se contracte en se desséchant, devient très-dure et
offre de larges crevasses. Les plantes placées dans
un pareil terrain végéteraient à peine. Il faut, pour
l'utiliser, exécuter, comme aux environs de Londres,
des travaux très-coûteux.

Le *sable* ou *silice* donne un sol léger ; il ne retient
pas l'eau et se laisse traverser par ce liquide comme
un crible. Ce terrain, séchant très-promptement
sous l'action des rayons du soleil, garde trop peu
d'humidité pour que les plantes y conservent leur
vigueur.

Les falaises, formant sur le littoral une grande
levée, qui s'oppose aux envahissements de la vague,
offrent l'aspect de hautes murailles blanches, coupées par des bandes noires s'étendant horizontale-
ment. La partie blanche est la *matière calcaire* ; la
terre où elle domine s'échauffe difficilement.

Le mélange de ces divers éléments avec les débris organiques — l'humus ou terreau — produit
un grand nombre de variétés de terrain qui, toutes,
réclament des engrais et des amendements étudiés.

Le sol le plus propre à la grande culture est le
sol *argilo-sableux*, celui enfin où le sable s'associe
à l'argile dans une proportion suffisante pour en
corriger les défauts. Les cultivateurs le désignent
sous le nom de terre à blé ; il convient en effet à

cette plante céréale. C'est le fond sur lequel j'opère;
et pour en augmenter encore la fertilité, j'ai dû y
répandre une certaine quantité de matière calcaire
ou *marne*.

L'utilité du marnage dans un grand nombre de
cas était bien constatée dès la plus haute antiquité,
si, comme on l'assure, les Gaulois en connaissaient
les effets et en faisaient usage. Bernard de Palissy,
homme de mérite et d'un grand savoir, a écrit au
XVIe siècle un traité sur les avantages de cette pratique.

Il est facile chez nous de se procurer de la marne.
Il faut d'abord choisir sur l'exploitation un endroit
dont l'accès soit facile. On creuse un puits cylindrique et on le continue jusqu'à ce que l'on rencontre la couche calcaire exploitable. On pratique
alors des *chambres* en retirant des moellons qui sont
amenés à la surface à l'aide d'un *treuil*, manœuvré
par deux hommes.

L'air, la gelée agissent sur ces pierres tendres,
jetées en quantité déterminée sur les champs, les
délitent, les désagrégent; elles ne forment plus
qu'une matière ténue qui se mélange intimement
avec la terre. On établit ainsi une juste proportion
entre les éléments du sol, puisqu'on ajoute le calcaire à l'argile, au sable et au terreau.

Les semences confiées à un champ nouvellement
défriché et ainsi préparé germent et se développent
très-bien; mais si l'on continuait à lui confier les
mêmes espèces, comme les plantes épuiseraient
promptement les principes dont elles ont besoin pour
croître, solidifier leurs tiges, former leurs graines,
la terre s'en trouverait bientôt dépouillée, et ces

mêmes végétaux qu'elle nourrissait si bien refuse-
raient d'y croître après quelques années.

Les espèces différentes exigeant toutes une nourriture spéciale, si toutefois il est permis de s'expri-
mer ainsi, on peut, il est vrai, y semer successivement des plantes diverses, et le sol reste fécond
jusqu'à ce que les éléments nécessaires à chacune
d'elles soient enfin épuisés.

Les anciens faisaient alterner les récoltes. Si je
ne me trompe, Virgile parle dans ses *Géorgiques*
de cette méthode, qui a dû être suivie en France.
Mais, après de longues guerres, les bras manquant
à la campagne, les terres épuisées refusant de produire, un Italien conseilla de laisser en friche, pendant plusieurs années, une partie de chaque domaine. La terre acquérant ainsi une fécondité nouvelle, cette indication fut regardée comme un véritable bienfait. C'est là, dit-on, l'origine de la jachère,
en usage encore il y a peu d'années chez nous et
conservée en trop d'endroits.

Voici ce qui s'opérait alors. Les pluies et la neige
fournissaient à la terre les sels qui lui manquaient ;
les débris des végétaux poussant spontanément
jonchaient le sol et lui rendaient du terreau. Tout
cela formait donc, avec le temps, un engrais na-
turel.

Des observations bien faites ayant démontré cette
action, on reconnut qu'il suffisait de répandre sur
les champs et d'y enfouir une assez grande quantité
de fumier pour que leur fertilité restât toujours la
même.

Dès lors, tous les efforts des cultivateurs intelligents se dirigèrent sur la production, sur la fabri-

cation même du fumier, et l'art agricole a subi une
véritable transformation.

Pour atteindre ce but, il a fallu créer les assole-
ments, c'est-à-dire déterminer d'avance quelles
plantes devaient occuper successivement les divers
points de l'exploitation, de manière à assurer la
nourriture d'une quantité de bestiaux en rapport
avec l'étendue des terres ; car nous regardons les
animaux comme de véritables machines à fumier.

Il ne suffisait pas de posséder des vaches et des
moutons ; il fallait encore en tirer tout le parti possible, en les forçant à produire abondamment de la
viande, du lait, de la laine. On a ainsi augmenté
les ressources de l'alimentation et fourni au commerce des matières premières appropriées aux besoins de l'industrie.

Tout ceci est fort juste, interrompit Mme Dugard ;
les élèves, désireux de s'instruire, écoutent avec
une attention louable. Cependant, comme l'esprit a
besoin de se reposer de temps en temps, je vais,
si le *maître* le permet, les récompenser en leur
faisant visiter ma laiterie. J'aurais peut-être dû attendre pour cela qu'ils aient entendu parler des
vaches laitières ; mais, malgré cela, ma leçon les
intéressera tout autant, et, pour être donnée sans
trop de méthode, elle ne leur en profitera pas
moins.

VI.

LE LAIT. — LE BEURRE. — LE FROMAGE.

La laiterie est placée sous la cuisine, à l'extrémité des caves. Comme il importe que la tempéra-
ture de cette pièce varie peu, on l'a construite de
manière à lui assurer cet avantage. Elle est ceinte
de deux murailles, bâties à cinquante centimètres
l'une de l'autre ; la fenêtre percée au nord a deux
châssis vitrés, placés dans chaque mur, et la baie
qui sert d'entrée est également fermée par deux
portes. Sa construction offre donc la disposition
suivante :

L'air étant un mauvais conducteur du calorique, la couche interposée entre les murailles s'échauffe et se refroidit difficilement; elle sert donc à conserver à la laiterie le degré de chaleur convenable. Le thermomètre n'y marque pas, dans l'été, plus de treize degrés, dans l'hiver moins de neuf degrés au-dessus de zéro. Le sol est dallé de larges pierres dures posées sur un bain de ciment, que des lavages entretiennent dans le plus grand état de propreté; une dépression de terrain a permis d'établir une rigole par laquelle l'eau s'écoule. Des tablettes de sapin sont placées sur tous les côtés.

Bien que, dans le pays de Bray, si renommé pour la fabrication du beurre, on ne lave jamais les laiteries, M. Dugard a reconnu que cette précaution était nécessaire. On ne peut en effet, sans cela, se débarrasser de la mauvaise odeur que dégage le lait qui tombe parfois sur les dalles. Or, toute odeur forte nuit à la qualité des produits.

Le lait est versé dans des vases en terre non vernissée, de forme évasée, qui sont posés sur les tablettes. Après quelque temps de repos, la partie *butyreuse*, plus légère que le *caséum* (la matière du fromage), s'élève lentement à la surface du liquide et forme une couche de crème, que l'on doit recueillir avant qu'elle soit devenue trop épaisse. Pour cela, on la lève délicatement avec une cuiller en évitant d'enlever du *caillé*. Cette crème est ensuite versée dans la baratte, dont il faut vous donner une idée.

Un petit baril, dont l'ouverture était moins large que le fond, servit d'abord à battre le beurre. Un trou ménagé dans le couvercle mobile laissait passer

une tige, dont l'extrémité inférieure portait un disque
percé de plusieurs trous. On versait la crème dans
le baril, et on levait et abaissait le disque jusqu'à la
séparation complète du beurre. L'opération ainsi
conduite était lente, très-fatigante, et donnait des
résultats incertains.

On emploie presque généralement aujourd'hui
une caisse à peu près cylindrique, placée horizon-
talement sur un fort bâti. Un axe muni de palettes
le croisant et terminé par une manivelle sert à la
mettre en mouvement. Cette baratte est simple,
facile à nettoyer. Elle opère bien, mais non d'une
façon régulière, parce que les variations de tem-
pérature viennent souvent nuire à la séparation du
beurre.

On a modifié assez heureusement cet instrument
en le construisant en métal et en le plaçant dans une
caisse où l'on verse, soit de l'eau chaude, soit de
l'eau froide, pour obtenir le degré nécessaire selon
la saison. En outre, la manivelle met en mouvement une roue dentée qui, agissant sur un pignon,
donne à l'axe un mouvement plus rapide. C'est un
véritable perfectionnement qui permet d'obtenir le
beurre en vingt-cinq ou trente minutes.

Je vous ferai remarquer que l'on se sert peu du
thermomètre dans les fermes, parce que sans doute
on ne connaît pas bien la valeur de ses indications. Cet instrument est cependant indispensable
à qui veut obtenir constamment et rapidement
d'excellent beurre. Or, un peu de soin et d'intelligence augmente le prix de ce produit dans une
proportion considérable. Au marché de Fécamp, le
beurre commun vaut, en moyenne, 80 c. le demi-

kilog. ; le beurre fin s'enlève à 1 fr. 20 c. et même à 1 fr. 30 c.

Au Mont-Gaillard , on emploie la baratte suédoise. C'est un cylindre, placé verticalement dans une forte charpente, au centre duquel est fixé un agitateur garni de lames métalliques, percées d'une grande quantité de trous. La tige porte un pignon qui reçoit l'action d'un engrenage mis en jeu par une manivelle ; son mouvement étant très-rapide , le beurre est fait en quelques minutes.

Voulant appuyer son dire d'un exemple, Mme Dugard eut la complaisance de recueillir une certaine quantité de crème et de la verser dans la baratte. Un domestique fit mouvoir la manivelle , et en cinq minutes le beurre se sépara du petit-lait. On le réunit alors en une masse qui , d'abord lavée à grande eau et pétrie , fut remaniée et repétrie jusqu'à ce qu'elle ne retînt plus la moindre trace de *sérum*, ou petit-lait.

Contrairement, dit-elle, à l'usage général , je bats le beurre tous les jours ; car la crème conservée rancit et prend un goût désagréable. A l'aide de cette méthode , et grâce aussi à la propreté minutieuse de ma laiterie, j'obtiens un produit qui rivalise avec les beurres de la vallée de Bray et ceux de la Prévalaye.

Quelquefois, au lieu de laisser monter la crème, je verse le lait doux dans la baratte suédoise , qui agit tout aussi bien dans ce cas ; mais il faut plusieurs opérations pour séparer tout le beurre. Cependant, après un premier battage, le lait étant encore propre aux usages domestiques, j'en tire parti de cette manière ; ou bien le faisant cailler à

l'aide de pressure, j'en confectionne des fromages
communs, qui, frottés de sel et déposés à la cave
pendant quelque temps, s'affinent et sont mangés
avec plaisir par les ouvriers.

Comme nous tenons à ne rien faire au hasard,
nous avons cherché à nous rendre compte de la
richesse butyreuse du lait, afin de ne conserver que
les vaches dont le lait nous donne la plus forte proportion de beurre, à quantité égale.

Un instrument fort simple, inventé par M. Marchand, chimiste à Fécamp, nous permet de nous
livrer à cette appréciation, et je vais en faire l'expérience devant vous.

Le lacto-butyromètre de M. Marchand est un tube
de verre jaugé avec soin et divisé en quatre parties
égales. La partie supérieure est en outre subdivisée
en fractions, répondant chacune, en raison de la
capacité de l'instrument, à un gramme de beurre
par litre de lait.

On verse d'abord du lait jusqu'à la première division, après l'avoir bien agité d'abord ; car si on se
contentait de le puiser dans un seau, il contiendrait
toute la crème qui se serait déjà mise en mouvement pour se rendre à la surface. On ajoute une
goutte de soude caustique ; ensuite on verse de
l'éther jusqu'au deuxième degré ; on agite, puis on
ajoute de l'alcool jusqu'au troisième trait, en mélangeant encore avec soin. Vous ne voyez plus qu'un
liquide tirant sur le jaune pâle et un peu opaque.

Plongeons le tube dans de l'eau chauffée à quarante degrés, comme l'indique le thermomètre. Le
beurre monte déjà ; il forme une couche d'un jaune
prononcé et de consistance huileuse, pendant que
le caséum se précipite au fond de l'instrument.

La séparation est complète. Nous n'avons plus à présent qu'à compter les degrés, pour nous convaincre que le lait essayé contient théoriquement quarante grammes de beurre. Nous savons donc que douze litres nous fourniront six cent quarante grammes de beurre ; mais dans la pratique nous n'aurons pas tout à fait ce chiffre (1).

- Le caillé et le lait de beurre ne sont pas perdus ; on les emploie pour nourrir les veaux, les porcs, les volailles ; parfois on en fait de la soupe, tout devant être mis à profit dans un établissement agricole.

Je faisais d'abord porter tout mon beurre au marché à l'état frais ; ce qui, deux fois par semaine, occupait une femme ; je n'envoie plus à Fécamp que le produit de trois jours. Le reste, pétri fortement, est passé dans une sorte de crible en métal, additionné d'une certaine quantité de sel bien sec et bien égrugé, que l'on mélange avec la masse en la maniant de nouveau ; puis on le tasse dans des pots de grès et on le recouvre d'une couche de sel. Les pots sont ensuite coiffés avec un linge doublé d'un fort papier, et le beurre se conserve ainsi fort longtemps. Tout ce que je puis fabriquer est toujours vendu d'avance à un prix fort élevé.

Le lait subit parfois une singulière altération, il se recouvre d'un *mucor* qui s'étend en taches bleuâtres sur toute la surface de la crème ; où le

---

(1) Le lacto-butyromètre est en usage dans beaucoup de fermes ; on l'emploie dans les hôpitaux de Paris. Il se trouve chez MM. Clechs et Deroches, seuls autorisés par l'inventeur à le fabriquer.

désigne alors sous le nom de *lait bleu*. On a longtemps cherché la cause de cette altération sans
pouvoir la trouver. Les habitants des campagnes
l'attribuaient et l'attribuent encore aux maléfices
des sorciers ; les plus sages la pensaient produite
par la malpropreté des laiteries, par le dégagement de mauvaises odeurs ; et cet effet peut, je
pense, avoir lieu. Enfin, M. Eug. Marchand a établi, par de bonnes observations, que la sécrétion
du lait se trouvait altérée par l'ingestion dans
l'estomac des vaches d'herbes dures, poussées sur
un terrain privé de matières calcaires. Ainsi, dans
le pays de Caux, toute terre où pousse l'oseille sauvage porte un pâturage qui donne presque à coup
sûr du lait bleu. Or, on sait que la terre où croît
l'oseille a besoin de marne ; car cette plante nuisible
ne se développe bien que dans les sols privés de
craie. Il suffit donc d'y répandre de la marne pour
éviter cet inconvénient grave. Toutefois, comme il
faut, en attendant l'époque d'accomplir ce travail,
combattre une affection fâcheuse, on donne à boire
aux vaches une eau de son dans laquelle on écrase
de la craie. Ce régime suffit pour faire disparaître
le lait bleu.

On peut causer artificiellement le bleuissage du
lait ; mais alors la couleur, au lieu d'apparaître
seulement sur la crème, se montre dans la masse
même du caillé.

Henri va se charger d'un coin de ce beurre que
nous venons de faire et le placer sur la table. Je
prie encore Mlle Eugénie de se charger de cette
terrine de crème, dont nous allons faire une bien
bonne friandise en y mêlant des fraises perpétuelles

écrasées sur un tamis, du sucre, et en agitant le tout à l'aide d'une petite verge d'osier.

J'aurai soin d'indiquer à ma petite amie quelques préparations délicates et peu coûteuses qui font l'ornement d'un dessert. Il est bon qu'une femme connaisse un certain nombre de ces recettes qui augmentent le bien-être et diminuent la dépense du ménage.

VII.

LE BŒUF.

Le fumier étant indispensable pour la production des racines, des céréales, des plantes industrielles, on ne saurait élever trop de bestiaux et les entretenir avec trop de soin. Dans notre contrée, cette partie de l'art agricole fait l'objet d'une double étude; car, comme on n'attelle pas les bœufs, il faut élever et entretenir un nombre de chevaux en rapport avec l'étendue de l'exploitation. Nous joignons aux vaches et aux chevaux un troupeau de moutons, quelques porcs, des poules, des pigeons, des dindons. Ayant fait construire des citernes, je n'ai pas de mares, dont je vous dirai les inconvénients; je ne puis donc élever des canards, ces volatiles devant barboter dans l'eau pour acquérir toutes leurs qualités.

Le bœuf appartient à l'ordre des ruminants, c'est-à-dire qu'il partage avec divers animaux la faculté de faire passer dans une sorte de réservoir ou poche une assez grande quantité d'aliments, qu'il ramène ensuite entre ses dents pour les mâcher à loisir.

C'est à ce puissant animal, qui donne libéralement à l'homme sa force, sa patience, et une viande substantielle, que l'agriculture est redevable de ses progrès.

Dans un grand nombre de contrées le bœuf traîne la charrue, les chariots. Sa marche est lente, mais régulière; il ne franchit pas, comme le cheval, les obstacles à l'aide d'un coup de collier, mais par un effort continu. Dans les terres fortes et tenaces il rend, comme bête de trait, des services inappréciables.

Comme nous attelons le cheval à la charrue, le bœuf nous fournit seulement de la viande et du fumier. Aussi le soumet-on à l'engraissement, lorsqu'il est encore jeune. N'utilisant pas sa force, nous n'attendons pas qu'il soit près de la perdre pour le livrer au couteau du boucher.

La vache offre en outre une ressource précieuse, son lait. Vous avez vu le parti que l'on peut en tirer. Il assure un bénéfice encore plus considérable aux fermiers peu éloignés des villes, qui le vendent en nature pour la consommation journalière.

Le cultivateur devant chercher à réaliser, dans le plus court délai possible, tout ce que ses bestiaux peuvent lui donner, la production du lait est une affaire importante, puisque sa vente fait rentrer chaque jour, ou au moins chaque semaine, une partie des dépenses faites pour l'entretien de la bête. On croirait donc de prime abord qu'il faut donner la préférence à toute vache fournissant beaucoup de lait, sans tenir compte de ses autres qualités; il n'en

est pas ainsi ; car si cette bête consomme beaucoup,
s'engraisse difficilement, offre une forte charpente
osseuse, si son lait, abondant d'abord, diminue rapidement, l'ensemble de l'opération ne procurera
pas les bénéfices que l'on est en droit d'en attendre.
Mieux vaut une vache dont la lactation, moins forte
d'abord, soit plus durable, dont les os soient plus
développés et qui prenne facilement la graisse.

Il faut donc choisir les races qui assurent ces
divers avantages, et les Anglais ont produit des
types précieux que l'on a su utiliser pour modifier
les races que nous possédions déjà.

Pour eux, ils ont accompli de véritables prodiges :
l'animal s'est en quelque sorte pétri et transformé
sous leurs mains. Ils ont changé sa nature, se
préoccupant surtout du *rost-beef* et sacrifiant toutes
les parties moins recherchées. Ils ont produit des
bêtes assez chargées de viande pour remplir presque
exactement un cadre allongé, figure à laquelle ils
ont plié leur conformation : ils ont raccourci les
jambes, rapetissé la tête, supprimé même les cornes.
Certainement, ces vaches obèses à membres courts,
à fanon pendant, à tête menue, figureraient mal
dans un tableau, et un peintre ne les prendra jamais pour modèle ; mais ce qui choque l'artiste
charme à bon droit les yeux du cultivateur.

L'arrondissement du Havre possédait peu de bestiaux lorsque la Société d'Agriculture pratique s'est
fondée à Goderville. Les travaux de cette Société,
les récompenses qu'elle attribua aux bêtes bien
conformées ont appelé l'attention des cultivateurs
sur les bons types reproducteurs. Elle introduisit
en outre les taureaux dits de Durham, apparte-

nant à l'une des races perfectionnées par l'industrie anglaise. Leur mélange avec les vaches normandes pures, qui avaient été conservées chez nous,
donna d'excellents sujets dont l'aptitude à l'engraissement est remarquable. Dès lors, le nombre des
bestiaux s'augmenta rapidement ; et comme il fallait
pourvoir à leur nourriture, on perfectionna l'ensemble des cultures.

J'ai adopté le croisement des Durham avec les
normandes, et je m'en suis bien trouvé, parce que
je tiens à livrer mes bêtes jeunes encore au boucher. Ceux qui se préoccupent seulement de la
production du lait ont conservé avec raison le type
normand dans toute sa pureté, ces vaches se faisant remarquer par une lactation abondante sucrée
et par la quantité de beurre qu'elles donnent. Les
croisés Durham réclament une alimentation riche
et suivie ; et c'est en cela qu'ils nous ont rendu un
grand service, puisque l'on s'est vu forcé à étendre,
pour les entretenir en bon état, la culture des
plantes sarclées. Vous saurez plus tard de quelle
importance est ce fait en apparence si simple. Les
contrées où l'agriculture est en retard ne pour-
raient pas élever cette intéressante variété. Là elle
produirait peu et dégénérerait promptement. Il lui
faut une bonne nourriture et des soins assidus.

Les explications que je viens de vous donner font
comprendre pourquoi les uns ont vanté les croise-
ments avec les Durham, tandis que les autres les
ont dépréciés ; tous avaient raison, et c'est le cas le
plus ordinaire. On refuse de se rendre à l'évidence,
parce que l'on ne tient compte que des faits qui
frappent les yeux, sans examiner ce qui se passe

un peu plus loin. Or, rien de dangereux en agriculture comme les fausses appréciations. Je connais plus d'un brave homme qui s'est ruiné en opérant à contre-sens. Ainsi en arriverait-il à celui qui voudrait nourrir nos vaches sur des landes.

Visitons donc de nouveau l'étable. Elle est divisée en deux compartiments : l'un est destiné aux vaches laitières, l'autre aux bêtes à l'engrais. Dans le premier j'ai fait établir des râteliers, et dans la forme ordinaire : deux bêtes occupent une stalle de dimensions convenables ; les mangeoires sont séparées par un petit réservoir que l'on a soin de toujours tenir plein d'eau. Le sol est pavé de briques dures posées de champ sur ciment ordinaire et jointoyées à ciment romain. L'inclinaison assez marquée de l'aire permet aux déjections liquides de couler jusqu'à un ruisseau aboutissant à une citerne. Vous remarquerez cette disposition dans les écuries et dans les bergeries. La devanture n'est pas formée par un mur plein, mais par de larges panneaux. Il suffit d'enlever ces panneaux pour transformer l'étable en un hangar bien aéré. Cette disposition était indispensable pour la méthode que je voulais suivre.

Les vaches sont ordinairement menées sur les champs où croissent les fourrages destinés à être pâturés en vert. Une *longe* fixée au mufle porte à son extrémité une cheville en bois ou en fer, que l'on appelle *tiers*; on l'enfonce dans le sol à coups de maillet. La bête peut donc décrire, en paissant, un arc de cercle ; on la change de place de temps à autre. Malgré tous les soins, une partie du fourrage est foulée et perdue ; en outre, les déjections laissées sur le sol perdent leurs principes volatils par l'évaporation. Pour parer à [ces inconvénients, mes vaches restent à l'étable ouverte, et on leur apporte les plantes fauchées dans les champs. Laissées en tout temps sous un hangar où l'air circule librement, elles sont à l'abri des rayons du soleil; les mouches les tourmentent peu; elles ne souffrent jamais de la soif. Elles donnent ainsi une grande masse de fumier, et la lactation ne présente jamais d'irrégularités.

Dans l'hiver, il faut bien rétablir les clôtures; mais pour que la chaleur ne soit jamais trop forte, pour que l'air vicié se renouvelle constamment, je fais fonctionner des cheminées d'appel fort simples. Elles se composent de longues caisses de sapin partant du plafond et s'élevant à un mètre au-dessus du toit. Leur extrémité supérieure, terminée par un petit toit à quatre faces, est percée de chaque côté de trous allongés que ferment à charnières des volets agissant de haut en bas. Une tige de fer tient les deux volets opposés à demi ouverts. Lorsque le vent souffle, il ferme un des volets et ouvre l'autre; on évite ainsi les rafales qui contrarieraient le tirage.

Comme il est nécessaire de calculer le dégagement et le renouvellement de l'air, selon le degré de froid, chaque tuyau est muni à son orifice d'une trappe en forme de pyramide tronquée que l'on fait mouvoir à l'aide d'une corde passant sur des poulies, afin d'augmenter ou de diminuer à volonté la section du tuyau.

Je me sers non-seulement de paille pour les litières, mais j'emploie en même temps des fougères recueillies sur un coteau aride. Chaque jour

on jette un peu de terre sur la litière et on la recouvre de paille et de fougère. La terre agit comme
corps absorbant, et lorsqu'elle est foulée par les
animaux, elle neutralise le dégagement des gaz. On
enlève cette masse tous les quinze jours, et elle est
portée sur la fumière, pour être traitée comme je
vous l'indiquerai.

Les vaches et les bœufs à l'engrais sont, selon la
méthode anglaise, placés dans des *box*, sorte de loges
closes par une claire-voie. Les animaux peuvent
ainsi se voir sans se toucher. Le sol de ces loges est
creusé à un mètre de profondeur ; la mangeoire et
le râtelier se haussent et se baissent à volonté ; en
outre, pour que l'animal soit moins dérangé — car
une tranquillité complète hâte l'engraissement —
j'ai fait pratiquer un couloir derrière les mangeoires,
et c'est par là qu'on leur donne la nourriture et
l'eau.

Jeune bœuf, ou vache ayant donné du lait pendant plusieurs années, la bête entre dans cette fosse
pour n'en sortir qu'au moment d'être menée à l'a-
battoir. On jette de la litière sous elle, et chaque
jour on y ajoute de la terre et de la paille ; ce tas
foulé fortement par l'animal s'élève peu à peu, et
l'absorption des gaz est si complète, qu'on ne sent
pas cette odeur d'étable si nauséabonde pour qui
n'y est pas fait. Lorsque la vache est grasse, le trou
est plein et renferme un cube d'excellent fumier.
On le vide et on recommence une nouvelle opération.

Je nourris les bêtes à l'engrais avec des racines
et des grains mélangés d'une certaine quantité de
paille hachée, et je fais cuire d'abord grains et ra-

cines dans un appareil qui sert également à lessiver
le linge. C'est un cuvier long dont le fond, percé de
trous, s'applique exactement sur une chaudière où
l'on met de l'eau. Ce cuvier reçoit les racines, coupées à l'aide d'un instrument, et les grains. On
allume le bois, l'eau s'échauffe, se réduit en vapeur
et pénètre dans la masse, qui est bientôt cuite. Je
fais distribuer aussi des rations composées de la
même manière aux chevaux et aux moutons. J'y
trouve l'avantage d'utiliser, pour la nourriture, une
grande quantité de paille qui donne un bien meilleur fumier, lorsqu'elle a passé par le tube digestif
des animaux et qu'elle s'est imprégnée des sucs
gastriques.

Ces détails vous feront comprendre combien sont
compliqués les éléments servant à déterminer les
bénéfices fournis par un bœuf ou par une vache.

Il faut d'abord établir ce que l'animal a coûté en
achat et en entretien. Puis l'on porte en regard ce
qu'il a produit en fumier, en viande, en lait et en
veaux. La différence entre ces deux chiffres constitue le bénéfice ou la perte.

Pour se rendre un compte exact des opérations
d'une ferme, il est indispensable de tenir une comptabilité régulière et organisée sur le plan de celle
des maisons de commerce. Sans une bonne comptabilité, le fermier est exposé à faire de fausses
spéculations, des dépenses hasardées qui le mènent
à sa ruine ; avec elle, au contraire, il apprécie toujours bien les faits et abandonne à temps les mauvaises combinaisons.

L'ordre et l'économie amènent l'aisance ; le dé-
sordre et l'incurie, la ruine.

VIII.

LE DIMANCHE. — BÉNÉDICTION D'UNE ÉGLISE.

Le dimanche est un jour de repos absolu dans toutes les fermes ; on se borne à pourvoir à la nourriture des bestiaux.

Domestiques et servantes revêtent leurs plus beaux habits et se rendent à la messe. La foi naïve, la confiance en Dieu, qui font supporter patiemment les labeurs et les privations, sont conservées avec soin dans le pays de Caux. Beaucoup de communes ont même gardé d'anciens usages transmis par la tradition : le pain bénit est offert à la Chandeleur par les femmes ; au 15 août, par les filles ; à la messe de la Nativité, par les garçons.

Cette dernière cérémonie s'accomplit avec une

grande pompe. Le pain bénit, posé sur une civière, est orné de rubans, de branches d'arbres verts, et entouré des garçons, portant une houlette, parfois une peau de mouton sur l'épaule. Un jeune homme, placé à l'entrée du chœur, chante les premiers mots d'un vieux cantique conviant les bergers à venir adorer le Seigneur ; le chœur lui répond du bas de l'église, et ils s'avancent l'un vers les autres pour mêler leurs voix et rendre grâces à Dieu.

Cela se passe à la lueur des cierges et de centaines de petites chandelles formant autour de l'église un cordon scintillant de points lumineux ou figurant une étoile.

Il se préparait une bien grande fête. Une église, à peine achevée, allait être consacrée, et l'on développait tout le luxe que de pauvres paysans peuvent montrer : fleurs fraîches, rameaux verdoyants, gerbes d'épis ornaient le nouveau sanctuaire. Un groupe de jeunes filles entièrement vêtues de blanc portait une bannière dédiée à la Vierge.

Le vicaire général qui présidait à la cérémonie prononça un discours qui fut écouté avec la plus grande attention. Il félicita les bons paysans de leur zèle, remercia les conseillers municipaux et les propriétaires dont les votes et les dons avaient facilité l'érection du nouveau monument, et il termina en appelant sur tous la bénédiction du Seigneur.

Les sons d'un harmonium emplirent alors le modeste vaisseau. C'était une surprise ménagée par M. Dugard. Il faisait don de cet instrument, et sa digne compagne avait eu la délicate attention d'ap-

prendre à une jeune fille intelligente la manière de
le toucher.

La paroisse avait donc un orgue, et c'était un
grand bonheur pour des oreilles ignorantes des
ressources de la musique que d'entendre de simples
et suaves mélodies, rendues plus agréables encore
par la variété des timbres.

En sa qualité de maire, M. Dugard avait convié à
dîner le vicaire général, le curé, les membres de la
fabrique, du conseil municipal, et l'artiste qui avait
sculpté l'image de la Vierge. La plus grande cor-
dialité s'établit entre les divers convives. On parla
de la cérémonie qui venait d'avoir lieu et de l'effet
produit par l'harmonium sur l'auditoire. Mme Dugard annonça qu'elle avait le projet d'initier un
certain nombre de jeunes gens aux premières notions de la musique et de leur faire exécuter des
morceaux de nos bons auteurs.

On applaudit à cette idée, et l'on fut d'avis qu'en
occupant, le dimanche soir, d'une façon aussi
agréable les jeunes gens les mieux doués et en
attirant les auditeurs, on éloignerait d'autant la population du cabaret, cette plaie des campagnes
aussi bien que des grandes villes.

Le sculpteur, ayant beaucoup voyagé, avait pu
apprécier les bons effets du goût de la musique sur
les habitants de l'Allemagne. Là, chaque soir, la famille improvise un concert : clavecin, débris du
dernier siècle, violon, flûte, basse, cor, tout est
mis en usage pour accompagner les voix. On emploie même une longue caisse de sapin dans laquelle sont tendues quelques cordes. Cet instrument primitif et peu coûteux frappe la basse ; son

effet est saisissant, et Beethoven n'a pas dédaigné d'en tirer parti dans l'une de ses symphonies.

On but à l'heureuse réussite du projet de musique populaire, et l'on termina cette bonne journée par une longue promenade sous la hêtrée qui s'étend parallèlement au Bosc-au-Renard, appellation antique d'un charmant bois de coudriers où se montraient des noisettes déjà presque mûres.

IX.

LE CHEVAL.

Le cheval est, selon Buffon, la plus belle, et d'après Cuvier, la plus importante conquête que l'homme ait jamais faite. Beauté de formes, souplesse, force, docilité, cet intelligent animal réunit tout.

« L'utilité du cheval chez les peuples sauvages et à demi sauvages, dit M. Hurard, se borne à porter son maître et ses propriétés mobilières, à lui rendre la guerre plus facile et moins dangereuse ; mais, chez les peuples policés, elle est de la plus vaste étendue. Tous les arts et métiers s'applaudissent des services qu'ils en tirent ; il est devenu si nécessaire aux diverses nations de l'Europe, que

leurs richesses et leur sûreté consistent en grande
partie dans la quantité et la qualité de leurs chevaux. Sans eux, l'agriculture, le commerce et la
guerre seraient privés d'une infinité d'avantages.
Celle qui perdrait en même temps ses chevaux et
les moyens d'en faire venir de l'étranger tomberait
en peu de temps dans la misère et dans l'assujettis-
sement. »

La part que le cheval a prise, dès la plus haute
antiquité, aux travaux de l'homme lui assigne une
place dans la littérature de tous les peuples. Job
fait une magnifique description du cheval qui hen-
nit au son de la trompette, frappe la terre d'un
pied impatient et s'élance, plein d'ardeur, au milieu
des ennemis. Homère fait les chevaux d'Achille
immortels. Les romans de chevalerie, qui, défigu-
rés, ont fait longtemps, sous le titre de Bibliothèque bleue, les délices des campagnes, égalent
presque les chevaux à leurs maîtres. Chacun connaît le célèbre Bayard, qui portait à lui seul les
quatre fils Aymon; la jument de Roland, qui
n'avait qu'un seul défaut, celui d'être morte. Qui
n'a ri des mésaventures de ce bon Rossinante, le
compagnon des exploits de Don Quichotte? En
parlant de Napoléon, le paysan vous dira que son
cheval de bataille était blanc. Pour lui, le cheval
complète la figure du héros.

Je me rappelle avoir vu l'un de ces braves animaux qui avaient porté l'homme du destin. La
pauvre bête pliait sous le poids des années, n'avait
plus rien de sa fierté. Il avait été acheté par un
admirateur des hauts faits de l'empereur, qui l'a-
vait placé dans une ferme pour y finir ses jours

dans une douce oisiveté. Il avait expressément dé-
fendu de le faire travailler. Le fermier, peu scru-
puleux, ne lui en faisait pas moins porter son lait
chaque jour à Fécamp ; et plus d'un vieux soldat
s'indignait de le voir passer affublé de deux paniers
et guidé par un petit goujat.

Les hommes qui se livrent par état ou par goût à
l'élève du cheval se passionnent pour cet animal, et
cette passion a coûté à plus d'un sa fortune entière. Vous avez entendu parler des folles dépenses
faites par des Anglais pour les chevaux de course,
qui ne sont propres qu'à cela, des paris fabuleux
dont ils sont l'objet. Cette manie a passé en France,
où elle est réduite cependant à sa plus simple expression.

Pour nous cultivateurs, s'il nous est permis
d'aimer ce fidèle compagnon de l'homme, il nous
faut avant tout regarder les services qu'il peut
rendre. Je tâche toujours de me procurer des chevaux de bonne taille, sans rechercher cette hauteur excessive qui appartient souvent à des bêtes
sans énergie, ni la finesse excessive de formes
particulière aux coureurs. Il me faut des chevaux
vigoureux, courageux, et dont la conformation solide n'exclue pas l'élégance. Ils figureraient bien
devant une américaine ; et cependant je n'hésite pas
à les atteler à la charrue et aux chariots. J'exige
toutefois qu'ils soient menés sans brutalité.

Lorsque les routes étaient détestables, encaissées
dans des cavées et avec des pentes rapides, on ne
pouvait pas sacrifier au transport des denrées des
bêtes d'un haut prix. On ne voyait dans les fermes,
sauf le bidet du maître, que de mauvais chevaux

voués à tout jamais à la charrette. Ils coûtaient cependant tout autant à nourrir et représentaient une
mince valeur, difficilement réalisable.

Les chemins sont bons, et l'on peut éviter les
passages dangereux; l'agriculteur élève donc avec
raison de belles races : c'est de l'argent. Lorsque
mon chariot part pour Fécamp avec sa charge de
blé, l'attelage représente 4,000 fr. au moins, que
je puis trouver du jour au lendemain; et j'ai des
élèves prêts à dresser qui compléteront les vides.

Mes écuries sont dallées comme mes étables;
chaque cheval y occupe une case séparée, et l'on
a également ménagé un passage devant les mangeoires. La paille hachée entre dans l'alimentation
des chevaux et procure une notable économie; on
la mêle avec des racines et de l'avoine. J'ai grand
soin qu'on renouvelle souvent l'air, contrairement à
une habitude trop répandue. La litière, recouverte
chaque jour de terre et de paille, est enlevée deux
fois par mois, d'après l'avis de M. Girardin, et selon
une pratique adoptée dans la cavalerie. L'odeur de
l'écurie n'a plus rien de repoussant, et j'y gagne
une augmentation notable de fumier.

Croiriez-vous qu'au mépris des lois de l'hygiène,
des fermiers pensent encore qu'il faut donner aux
chevaux de l'eau corrompue par le liquide qui
coule des tas de fumier? Ce préjugé est très-com-
mun. Pour moi, je donne à tous les animaux de
l'eau puisée à la citerne et telle qu'on l'emploie
pour les usages domestiques. Les liquides infects
produisent sur l'économie des animaux des effets
déplorables, et on doit les repousser.

Pour compléter la leçon, M. Dugard proposa

une promenade à cheval. Trois coursiers furent
bridés et couverts d'une chabraque. Eugénie eut un
petit poney avec une selle commode et élégante, et
l'on partit au trot. Les cavaliers novices payèrent
leur apprentissage en tombant maintes fois sur
l'herbe, et revinrent un peu confus. On convint,
pour leur épargner de nouvelles chutes, de leur
faire donner des leçons d'équitation par un hussard
en semestre qui travaillait à la ferme.

X.

LE MOUTON.

Les moutons paissant dans la campagne ne ressemblent guère à ceux dont parlent les poëtes.
Brebis d'un blanc de lait, menées par des bergères
en robe de satin et soignées par des bergers en
bas de soie, n'ont jamais existé que sur les dessus
de porte peints par Boucher ou par ses imita-
teurs.

Les pâtres, il est vrai, tirent parfois quelques
sons d'un flageolet ou d'un petit hautbois — la mu-
sette traditionnelle; — ils font entendre trois ou
quatre notes coulées et répétées sans cesse; mais
je ne les crois pas poëtes. Ils négligent la science

de la versification pour la confection des gros tricots de laine.

Les bergers ont longtemps passé pour habiles dans la sorcellerie, et cette superstition n'est pas tout à fait détruite. On doit aux anciens Chaldéens, peuples de pasteurs, des notions sur la marche des astres. Les bergers de nos jours peuvent aussi, dans les longues heures passées dans la campagne, observer une foule de phénomènes et acquérir ainsi des connaissances qui frappent les ignorants d'étonnement. De là à les tenir pour sorciers, il n'y avait qu'un pas ; quand on passait devant eux, on se découvrait, de peur de s'attirer quelques maléfices.

Le berger a donc perdu de son prestige. C'est un bonhomme plein de sollicitude pour son troupeau, rendant de grands services, quand on a soin de lui donner des notions d'hygiène appliquée aux moutons. Ses habitudes d'observation et de réflexion lui dictent parfois de bonnes reparties : ses bons mots tiendraient des volumes.

À l'état de liberté, le mouton sait suffire à ses besoins, se sauver d'un danger ; il montre une force et une agilité dont on ne le croirait pas capable. Il vit en troupe nombreuse ; car son instinct le fait éminemment sociable.

Habitué aux soins de l'homme, le mouton est lourd et stupide : il n'a conservé que l'habitude de se serrer contre ses compagnons et de suivre un chef de file. Il n'en est, il est vrai, que plus facile à conduire : un seul homme, aidé d'un chien, peut diriger un troupeau nombreux.

En gagnant de la chair, de la finesse de laine, le

mouton est devenu une sorte de produit artificiel
sujet à une foule de dégénérescences, à de nombreuses maladies. Il demande les soins les plus
complets, la surveillance la plus attentive.

J'ai vu un fermier perdre en une saison un troupeau de deux cents bêtes, pour les avoir fait paître
dans une prairie élevée et soi-disant sèche, dont le
sous-sol est imperméable Le drainage ou même
quelques rigoles bien tracées auraient assaini le
terrain ; on n'y avait pas pensé ; et tout le troupeau
fut détruit par la pourriture (cachexie aqueuse). Je
dois ajouter cependant que, les bergeries étant
trop basses et mal aérées, les moutons avaient contracté pendant l'hiver une disposition fâcheuse aux
affections qui sont la conséquence d'une débilitation
extrême.

Cette erreur d'entasser les animaux en les privant
d'air sera bien difficile à détruire. On ne saurait
trop s'élever contre une pratique aussi pernicieuse.
Je le répète. dès que l'on met les bestiaux dans une
pièce bien close et où l'on évite l'introduction de
l'air extérieur, on supprime l'élément indispensable
à la vie, l'air respirable, puisque la quantité de
fluide comprise dans la capacité de l'appartement,
étant bientôt dépouillée d'oxygène, devient im-
propre à la respiration. Dès que les animaux ainsi
traités ressentent le moindre froid, ils n'ont plus la
force de supporter ce changement et tombent ma-
lades. Souvent c'est la cause de la pourriture chez
les moutons et de la péripneumonie chez les bêtes
à cornes, qui fait subir de si grandes pertes aux
cultivateurs.

Les bergeries de la ferme de Mont-Gaillard se

ferment aussi par de grands panneaux mobiles qui
permettent de les transformer en hangars. La ven-
tilation s'opère par les tuyaux d'appel, et l'on y entretient la propreté la plus minutieuse.

Mon troupeau, ajouta M. Dugard, est composé
de mérinos purs; car je tiens à la finesse de la laine.
Comme il n'est pas énervé par une trop grande
chaleur, par un air rare et vicié, il passe sans ac-
cident de la bergerie au parc : méthode employée
dans le pays et dont je vais vous expliquer les avantages.

Dès la belle saison, les moutons sont menés
dans les champs pour y paître l'herbe ou les plantes
qu'on leur destine. Mieux vaut cependant, pour les
fourrages, ne pas les laisser brouter à leur fantaisie.
Outre qu'une partie se trouve foulée et perdue, les
feuilles humides peuvent produire un gonflement
dangereux, la météorisation. J'ai donc fait établir
des râteliers mobiles qu'on installe où l'on veut et
dans lesquels on dépose les fourrages, coupés d'a-
vance et suffisamment ressuyés.

On ne ramène plus le troupeau à la bergerie ;
mais on forme, à l'aide de claies ou de claires-
voies soutenues par des perches arc-boutées sur le
sol, une enceinte dans laquelle il entre à des heures
désignées : c'est le *parc*. Là, les animaux déposent
une *fumure* pénétrant dans la terre et se conser-
vant d'autant mieux que le sol est fortement foulé
par eux. Quand la fumure est complète, on change
le parc de place : les moutons occupent par conséquent successivement toutes les parties du champ
que l'on veut féconder. L'engrais énergique provenant des déjections des bêtes à laine est ainsi tout

naturellement porté sur la terre, et l'exposition complète et prolongée du troupeau à l'air libre agit d'une manière heureuse sur sa santé.

On mène les moutons boire à la ferme l'eau salubre fournie par les citernes. Dans les temps humides, on distribue une petite ration de grain saturé de sel, dont le mouton est très-friand et qui le tonifie.

Comme produit, le mouton nous donne, outre un engrais précieux, une viande excellente et salubre, du suif en abondance, sa toison qui sert, selon son degré de finesse, à confectionner les tissus les plus grossiers et les étoffes les plus souples ; sa peau, dont on fait des basanes, du parchemin ; son estomac même subit une préparation et est vendu par les tripiers ; enfin ses intestins sont employés pour la fabrication des cordes dites de boyau.

Le mouton rend, comme on le voit, de grands services à l'alimentation et à l'industrie. Les Sociétés d'Agriculture cherchent avec raison à introduire dans chaque contrée des types en rapport avec les ressources dont on peut disposer.

XI.

LE COCHON.

Le cochon, dont le type, le sanglier, se rencontre dans nos forêts, est un laid et dégoûtant animal, chez lequel le sens du toucher est si obtus, qu'il paraît à peine sentir les coups ; toujours affamé, il admet tout pour sa nourriture ; il se repaît aussi bien de racines ou de fruits que de viandes infectes ; puis il va se coucher dans la boue.

Cependant cette bête immonde augmente les ressources de l'alimentation, elle donne une chair qui se prête à de nombreuses préparations, prend bien le sel et se conserve longtemps. La graisse, la peau, le poil rude, les intestins, rien n'est perdu, tout trouve son emploi.

Le cochon, la principale ressource du paysan dans certaine contrée, est très-négligé dans le pays de Caux, où l'on n'en voit qu'un très-petit nombre.

Sans doute la répugnance que cause sa malpropreté en est la cause; mais là encore le fermier s'en prend peut-être au moins coupable. J'élève quelques cochons; mais j'ai soin de les placer dans une porcherie dallée, où l'eau ne manque pas et que l'on nettoie souvent. Je les fais bouchonner et laver au besoin. On leur donne en outre à manger dans une auge à porcs, d'importation anglaise. C'est un vase portant des divisions qui tournent sur un axe. Chaque cochon trouve sa place et mange goulûment sans nuire à son voisin.

La truie fournit un grand nombre de petits; ou en mange une partie à l'état de cochon de lait, c'est-à-dire deux ou trois semaines après leur naissance.

Le cochon, acceptant tous les aliments, est facile à nourrir; on lui donne jusqu'aux eaux de vaisselle. On possède des espèces qui, s'engraissant facilement, sont livrées au boucher bien avant la fin de leur croissance, et dont la chair est très-délicate. On a renoncé à l'ancienne race qui atteignait une grande taille et un poids énorme, mais était très-longue à engraisser. Tout calculé, elle coûtait plus cher que celle que nous élevons.

XII.

LA POULE.

Les volatiles tiennent aussi leur place dans toute exploitation bien entendue ; les poules surtout doivent être l'objet de soins qu'elles récompensent par leurs produits. A la ferme du Mont-Gaillard, on élève en outre des pigeons et des dindons , mais en petit nombre.

La poule, réduite en domesticité depuis de longues années, paraît ne plus pouvoir vivre loin de nos habitations. Au moins ne trouve-t-on plus à l'état sauvage le type habitant nos basses-cours.

Dans certaine division territoriale, l'engraissement des volailles constitue une industrie importante ; chez nous, on s'en occupe à peine. Les

poules du pays de Caux ont perdu la réputation que
les gourmets leur avaient faite. Les fermiers, préoc-
cupés de la culture des plantes industrielles, re-
gardent l'élève des volailles comme un embarras.
Ils n'en conserveraient pas, n'étaient les ressources
dont elles sont pour leur table, et le profit qu'ils retirent de la vente des œufs. Aussi porte-t-on au
marché des poules maigres, ne ressemblant en rien
aux produits fins de la basse Normandie.

Comme je ne veux négliger aucun détail, les
poules sont chez moi l'objet d'une assez grande sollicitude.

Le poulailler est vaste ; les perchoirs sont dis-
posés en gradins, et il est facile d'en enlever les
déjections, qui sont jetées sur les terres à l'état pulvérulent

On a préconisé les poules cochinchinoises, vanté
outre mesure certaines espèces obtenues récemment en Angleterre, et qui se vendent à des prix
fabuleux ; malgré cela, j'ai donné la préférence à la
poule dite de Crèvecœur. La chair en est blanche
et délicate ; elle s'engraisse bien et donne une quantité d'œufs considérable. J'ai seulement soin de ne
souffrir aucun mélange, et le troupeau se compose
de poules entièrement pareilles.

Les jeunes poulets destinés à la vente sont en-
fermés dans des cages divisées en compartiments
étroits et placés dans un endroit tranquille. On leur
donne une abondante nourriture, composée de
grains et de racines cuits et additionnés de lait caillé
ou de lait de beurre ; ils acquièrent ainsi un développement rapide et une grande finesse.

Les Egyptiens savent faire éclore les poulets dans

des fours construits pour cet usage. Les hommes
chargés de les conduire en dirigent si bien la chaleur, qu'ils obtiennent toujours les mêmes résultats.
Les poussins sont élevés dans des caisses basses,
dont la paroi supérieure est garnie de peaux de
mouton. Réaumur a tenté, au dernier siècle, d'introduire cette méthode en France, mais sans succès.
Aujourd'hui cependant, le problème paraît résolu ;
car on opère l'incubation artificielle à l'aide de petites couveuses fort simples, dont la Société cen-
trale d'Agriculture a fait l'essai à Rouen.

Il faut avoir soin de disposer des paniers com-
modes pour les couveuses, qui n'aiment pas à être
inquiétées et ont besoin d'être isolées. Les petits
poussins, à peine nés, courent çà et là. Leur mère
place devant eux de menus grains ou des ver-
misseaux ; elle les appelle par un gloussement
particulier. Lorsque le temps est beau, on place la
mère sous une cage fort simple et facile à transporter, dont les barreaux livrent passage aux petits.
On remue la terre sur une grande étendue, et les
poussins vont picorer çà et là, sans s'éloigner de la
poule qui les rappelle.

Il est bon que les poules trouvent de la poussière
où se rouler, et de l'eau contenue dans un bassin
peu profond.

Quoique lourd et volant difficilement, le coq est
un bel oiseau. Il se promène d'un air fier et grave ;
son regard animé témoigne de son goût pour les
aventures ; en effet, il se fie sur sa force et querelle
volontiers. Deux coqs ne peuvent pas se rencontrer
sans entrer en lutte, se frappant du bec et des épe-
rons dont la nature les a armés. On a vu même

souvent des coqs de grande taille se jeter sur des enfants et les blesser cruellement.

Les anciens, profitant des goûts belliqueux de cet oiseau, le dressaient au combat. Cet usage, suivi en Chine, est commun en Angleterre ; les combats de coqs attirent la foule et sont l'objet de paris consi- dérables.

XIII.

LE DINDON.

Le dindon est originaire de l'Amérique septentrionale, où on le trouve en grandes troupes. A l'état sauvage, il déploie une force, une intelligence dont nous ne le croirions pas capable, en le voyant si lourd et si stupide ; il atteint aussi un bien plus grand développement, puisque certains individus pèsent plus de vingt-cinq kilogrammes.

On ne voit point chez nous, ou cela est fort rare, de grandes troupes de dindons picorant dans la campagne, sous la conduite d'un enfant. On en élève seulement quelques-uns dans chaque ferme, afin de pouvoir, à la fête des Rois, faire figurer sur la table ce rôti obligé.

Cet oiseau, encore mal acclimaté, demande de grands soins pendant son premier âge ; un grain de grêle, un coup de soleil, un rien le fait périr. Le développement de l'appendice charnu qui s'étend sur son bec lui cause une maladie dangereuse.

Le dindon ne peut vivre seul. S'il ne rencontre pas d'individus de son espèce, il reste avec les poules, qu'il entreprend de surveiller. Il a fort à faire pour ramener celles qui s'écartent trop à son gré, pour forcer la troupe à rentrer à la ferme ; il s'attribue la police de la basse-cour, fait cesser toute querelle, et s'acquitte au mieux de ses fonctions volontaires.

XIV.

LE PIGEON.

Ne possédait pas qui voulait un pigeonnier. Cette tour fièrement placée au milieu de la cour des vieilles fermes cauchoises, où elle montre son toit conique au-dessus des pommiers, ne pouvait être bâtie qu'en vertu d'un titre nobiliaire.

Ces constructions circulaires étaient garnies, sur toute leur circonférence intérieure, d'un grand nombre de cellules, que l'on visitait à l'aide d'une grande échelle soutenue par deux barres fixées sur un axe mobile. Elles étaient peuplées d'oiseaux se rapprochant du type sauvage et désignés, dans nos campagnes, sous le nom de *bisets*. Réunis en

grandes troupes, ils s'abattaient sur les blés versés,
et y causaient beaucoup de dommage. On a donc
bien fait d'en restreindre le nombre.

Le biset ne donne que deux ou trois couvées par
an, tandis que certains pigeons de volière couvent
huit fois et même plus, dans le même espace de
temps. On doit d'autant plus les préférer, qu'en les
nourrissant bien, on leur retire facilement l'idée de
courir dans les champs.

Les excréments de pigeon fournissent un engrais très-actif, qui s'emploie à l'état pulvérulent.

Les amateurs possèdent une foule de variétés du
pigeon, qui se distinguent par la forme du corps,
la couleur des yeux, la variété du pennage, l'é-
norme renflement de la gorge : variétés agréables
à l'œil, mais de peu de rapport.

On a mis à profit l'instinct du pigeon voyageur,
pour lui faire transporter des correspondances.
Cet oiseau, arraché de son nid et transporté au loin,
sait trouver sa route au milieu des airs, qu'il fend
d'une aile rapide. En peu d'heures il franchit de
grandes distances et vient retrouver ses petits. Souvent aussi il tombe sous le fusil du chasseur, et les
lettres imprimées sous son aile n'offrent que des
signes mystérieux à celui qui ramasse le pauvre
volatile atteint par le plomb meurtrier.

XV.

LE CANARD.

Les canards et les oies ne se voient chez nous qu'en petit nombre, et n'y valent rien.

Le canard arrêté à son passage, pendant ses migrations annuelles, s'est perpétué dans les basses-cours, où il a perdu en partie son instinct de locomotion. Il s'est alourdi, et n'a plus la finesse de goût si grande dans l'oiseau sauvage. Cependant, lorsqu'on lui fournit une nourriture suffisamment animalisée, qu'il peut disposer d'un courant d'eau limpide et barboter dans les sables et les graviers, il mérite d'être recherché. Dans le pays de Caux, au contraire, on élève les canards dans des mares fétides; on les nourrit de son et de lait. Ils ne donnent qu'une chair blanche, fade et nauséabonde, tandis qu'à la rigueur, on pourrait encore faire des élèves passables.

Comme j'ai supprimé les mares de la ferme, je n'élève point d'oiseaux aquatiques.

XVI.

LES FUMIERS.

J'ai cru devoir, dit M. Dugard, vous parler lon-
guement des animaux nécessaires sur une ferme,
vous dire leur origine, leurs habitudes, parce qu'ils
constituent une part fort importante dans l'exploitation des terres. En effet, la culture, je vous l'ai
déjà dit, est impossible sans engrais, et les bestiaux le donnent en abondance. On peut, il est
vrai, dans les fermes voisines des villes, se procurer les boues provenant du balayage des rues ;
mais, outre qu'on les achète fort cher, il faut encore faire des dépenses considérables pour les
transporter. Le *guano*, dont l'emploi est parfois

utile, est coûteux, et son action n'est pas durable.
Je le remplace par les déjections des volailles et des
pigeons. C'est un des motifs qui m'ont engagé à
élever un certain nombre de ces oiseaux, dont je
trouve, en outre, aisément la vente, et dont les
œufs se placent avec la plus grande facilité.

Le commerce fait annoncer à la quatrième page
des journaux une foule d'engrais artificiels devant
produire un effet prodigieux. Il faut se méfier de
ces affirmations, toujours démenties par la pratique,
et s'en tenir au fumier de ferme, que, comme le dit
M. Girardin, rien ne peut remplacer.

Nous verrons plus tard comment on peut nourrir
un nombre suffisant de bêtes ; par quelle suite de
transformations le cultivateur reçoit, augmenté par
son labeur, l'argent employé au travail de la terre.
Mais il convient avant tout de vous donner, en éloi-
gnant toute expression technique ou scientifique,
une idée de l'aménagement des fumiers.

On retire des étables, des écuries et des bergeries, les litières, imprégnées de déjections liquides
et solides, dont la paille retient une grande partie.
Mises ainsi dans la terre, elles diviseraient trop le
sol ; elles formeraient des vides qui rendraient l'é-
vaporation trop facile et priveraient la terre de
l'eau nécessaire à la végétation. Comme elles se
consommeraient avec une extrême lenteur, leur
action, pour être plus durable, ne serait plus assez
énergique.

En outre, la fermentation des masses développe
des gaz qui impriment à la végétation une grande
énergie.

Voici comment on conduit la fermentation pour

éviter le développement d'une trop grande chaleur.

L'établissement d'une bonne fumière est chose fort importante. On dresse une aire ayant la forme d'un carré long, que l'on revêt d'une couche d'argile fortement battue et dont on relève légèrement les bords. On creuse au milieu une fosse circulaire, ou mieux encore, — comme je l'ai fait, — on construit une citerne. L'emplacement n'est pas indifférent ; ainsi, ma fumière est établie derrière les étables, qui communiquent avec elle par des portes de dégagement, et dont les ruisseaux versent les liquides jusque dans la citerne. J'ai fait élever un hangar qui met le fumier à l'abri du soleil et des lavages causés par les pluies.

Les litières sont apportées sur l'aire, mélangées avec soin en couches de formes régulières, dont on relève les bords en sorte de *torchis*. Pour éviter la déperdition de certains principes volatils, on les saupoudre de plâtre, on y étend du marc de pommes, ou bien on mêle de la couperose aux eaux d'arrosement.

Lorsque le volume du tas s'augmente, la fermentation s'établit, la chaleur se développe ; pour empêcher qu'elle n'atteigne une trop grande intensité, on arrose le tas de purin puisé à l'aide d'une pompe posée sur la citerne et portant un long tuyau de toile imperméable, ou mieux encore de gutta-percha. On renouvelle cette opération toutes les fois qu'elle redevient nécessaire.

On divise les fumiers en plusieurs tas. Lorsque le premier est arrivé à son point de perfection, on n'en a pas toujours l'emploi ; il faut donc en assurer

la conservation. On l'arrose et puis on le couvre
de terre, pour le soustraire à l'influence de l'air.
Dans le cas contraire, on le porte de suite sur les
terres qu'il doit féconder, en ayant soin de l'enfouir
sans retard.

Certains fermiers se bornent encore à jeter les
litières dans une-fosse creusée sans soin devant
l'étable. Bêtes et gens marchent sur cet amas in-
fect; les volailles le remuent sans cesse. Le fumier
se dessèche ou reçoit trop d'eau, fermente mal et
laisse échapper tous les principes volatils. Le purin
s'écoule dans les *routoirs*, d'où il se répand sur les
chemins en ruisseaux infects. Et cependant, comme
l'a répété maintes fois M. Girardin, ce sont des
pièces de 5 fr. que l'on gaspille, et l'on perd ainsi
des sommes énormes.

Vous concevez aussi qu'un pareil voisinage est
fort malsain pour les animaux, placés dans un local
malpropre, dont le sol est imprégné de matières
liquides et recevant difficilement l'air extérieur. Et
l'on s'étonne après cela de la faiblesse des bestiaux
et de leurs nombreuses maladies. Il faudrait, au
contraire, s'étonner s'ils restaient en bonne santé.
Je dois vous signaler une mauvaise pratique dont
je n'ai pas pu corriger tous mes voisins. Ils portent
lentement leur fumier sur la terre, l'éparpillent,
le laissent sécher à l'air et se décident à l'enfouir à
la charrue, lorsqu'il a perdu la moitié de sa valeur.
Voilà encore de l'argent bien mal placé.

Le fumier doit être porté, épandu, enfoui rapidement sans perdre une seule minute. Agir autre-
ment, c'est dire : J'aurai bien assez de blé, bien
assez de colza, de lin et de racines. À votre aise,

ai-je souvent dit à ces obstinés, si, assez riches
pour ne pas exiger du sol tout ce qu'il peut donner,
vous ne nuisiez pas à la société tout entière, si
vous ne priviez pas la population d'éléments précieux pour elle. Comme vous portez atteinte à la
prospérité générale, on doit vous blâmer et vous
répéter sans cesse des conseils dont les bons effets
ont été cent fois constatés, et dont vous pouvez
voir l'application.

Les parties liquides — le purin — mélangées
avec de l'eau servent à arroser les plantes au moment où la végétation a besoin d'être activée. Elles
augmentent parfois les rendements dans une proportion incroyable. C'est une opération facile. Il
ne faut qu'un tonneau monté sur deux roues et
dont le robinet s'ouvre sur un plateau de balance
ou sur une bande de fer percée de trous. Le liquide jaillit et se répand en pluie sur la terre, tandis
qu'on hâte ou qu'on ralentit le pas du cheval qui
traîne l'appareil.

XVII.

UN CONCOURS AGRICOLE A BOLBEC.

L'arrondissement du Havre possède une Société pratique d'Agriculture dont les réunions ont lieu ordinairement à Goderville, bourg situé à peu près au centre des exploitations. Elle ouvre chaque année un concours pour les bestiaux les plus gras et les mieux conformés, pour les chevaux les mieux constitués et les plus élégants, pour les fermes les mieux cultivées.

La fête, qui a lieu ordinairement avant les travaux de la moisson, avait été renvoyée après la coupe des blés, et nos jeunes gens furent charmés de ce retard qui leur permettait d'y assister.

Chaque ville, chaque bourg, se disputent la

présence de la Société. Or, le concours s'ouvrait à
Bolbec.

Bolbec est une ville étroite, nichée dans une
vallée arrosée par un petit cours d'eau. Par sa
situation, elle ne paraît pas devoir réunir les éléments d'une grande activité commerciale, et l'on
est tout étonné d'apercevoir, du haut de la côte,
de hautes cheminées qui lancent des flots de fumée
épaisse dans l'air. Ces colonnes dressées à l'industrie s'élèvent sur tous les points de la ville.

Un établissement colossal file le coton, qui reçoit
de riches couleurs dans de vastes teintureries ; on
le tisse à la mécanique ou bien au métier dans les
campagnes voisines ; puis on les couvre, dans les
indienneries, de dessins élégants et variés. La *per-
rotine* et le *rouleau* semblent dévorer les bandes de
toile.

C'est à Bolbec enfin que l'on confectionne ces
indiennes dont l'usage est si général, ces tissus légers qui couvrent le corsage des paysannes et des
ouvrières, qui forment le tablier des ménagères
économes, qui s'étendent devant les fenêtres et en-
tourent les lits.

La ville industrielle avait fait trêve à ses travaux
et tout préparé pour ses hôtes d'un jour. La foule
des visiteurs disputait la rue aux bestiaux chargés
de graisse.

Les membres de la Société et les membres des
divers jurys se réunirent à la mairie ; puis, accompagnés par le sous-préfet de l'arrondissement, par
le maire, suivi du conseil municipal, ils se dirigèrent vers le Champ-de-Foire, où la distribution
des récompenses devait avoir lieu. Les sapeurs-

4

pompiers, précédés d'une excellente musique, formaient l'escorte.

Des cordons de verres de couleurs se balançaient aux grands arbres du boulevard ; des drapeaux flottaient partout.

La foule se pressait autour des bestiaux, qui provoquaient l'admiration des connaisseurs.

On avait dressé sur le Champ-de-Foire une estrade, recouverte de ces indiennes fabriquées dans le pays. La vue s'étendait de là sur l'assemblée, plongeait dans la vallée, et s'égarait sur de vastes plaines, coupées de bouquets d'arbres ; le coup d'œil était admirable.

On écouta attentivement les discours dans lesquels le premier magistrat de l'arrondissement, le président de la Société, le maire, rappelèrent l'importance de l'art agricole, dont l'empereur apprécie si bien les services et auquel il prodigue les encouragements. Ils blâmèrent les routiniers qui s'obstinent dans les vieilles pratiques et refusent de suivre les conseils des agriculteurs habiles.

Puis on procéda à l'appel des lauréats, qui vinrent recevoir leurs médailles, tandis que la musique exécutait des symphonies.

La Société récompense non-seulement les cultivateurs, mais encore les serviteurs honnêtes et dévoués qui consacrent leur vie aux travaux domestiques. Chaque année, on retrouve là ce type — disparu de nos villes — de la servante, entrée dans la famille par de longs services : elle a vu naître le maître, les enfants ; elle a ri de leur joie, compati à leur douleur ; elle ne connaît point d'autre intérêt que celui de la maison, qu'elle regarde comme la sienne. On vit avec attendrissement s'avancer une bonne vieille qui comptait quarante-cinq années de loyaux services rendus à la même famille ; elle reçut, aux acclamations de tous, une médaille et un livret sur la caisse d'épargnes. Ces hommages rendus au travail et à la probité rejaillissent sur le cultivateur ; car, comme dit le proverbe, les bons maîtres font les bons domestiques.

On distribua aussi des médailles et des livrets aux garçons de ferme qui avaient fait preuve d'adresse et d'intelligence.

Un banquet réunit ensuite un grand nombre de convives, dout les applaudissements accueillirent les toasts inspirés par l'objet de la fête.

Puis, lorsque le jour cessa, les illuminations firent scintiller des lueurs variées, semblables à de grosses lucioles pendues aux branches verdoyantes. Un beau feu d'artifice, jetant en l'air ses gerbes de fusées, étala en cascades, en spirales, ses jets de feu ; et se termina par une formidable explosion qui réveilla tous les échos de la vallée.

Ces pacifiques fêtes de l'agriculture stimulent le zèle des cultivateurs, qui se montrent jaloux de posséder des médailles témoignant de leurs succès.

Les bêtes primées sont fort recherchées et payées à un très-haut prix.

Les sociétés agricoles ont introduit dans le pays des animaux et des instruments perfectionnés ; et on doit leur attribuer les progrès rapides de notre agriculture.

XVIII.

PROMENADE A LILLEBONNE.

Comme il avait fallu coucher à Bolbec , M. Dugard fit, le lendemain, une agréable surprise à ses élèves, en proposant à M. Gérard une promenade jusqu'à Lillebonne.

La route est excellente; elle suit la vallée à travers de jolis sites et longe la magnifique propriété des Valasses, créée par M. Fauquet-Lemaitre , l'un des riches industriels bolbécais , que la mort vient de frapper. Charmé de la beauté du paysage, il semble que l'on a franchi en quelques instants les dix ou douze kilomètres qui séparent les deux villes.

Lillebonne , devenue l'annexe de Bolbec, compte

plusieurs établissements industriels où l'on fabrique
de l'indienne. Elle offre aux investigations de l'anti-
quaire de vieux débris du peuple souverain ; car
elle a succédé à l'antique *Juliobona*, bâtie par les
Romains pendant leur domination sur les Gaules.
En créant la route de Rouen au Havre, on a décou-
vert un vaste cirque comblé de terre, dont on a dé-
blayé les gradins circulaires sur lesquels se pres-
saient les vainqueurs du monde.

Sous l'impression de leurs souvenirs classiques,
Émile et Henri ne pouvaient se lasser de contem-
pler ces restes d'une grandeur passée. Il fallut leur
rappeler plusieurs fois que, la route étant longue
jusqu'à la ferme, l'heure du départ avait sonné depuis longtemps.

XIX.

LE MATÉRIEL DE LA FERME.

Les instruments agricoles ont été longtemps peu nombreux et d'une simplicité toute primitive ; ce n'est que d'hier que l'attention dès mécaniciens s'est portée sur eux. Les créations et les perfectionnements ont été rapides ; l'Angleterre, surtout, possède un matériel agricole complet. Dans cette île, où la terre est rare et chère, on a dû chercher tous les moyens d'augmenter son rendement, et la culture y est devenue industrielle plus tôt que partout ailleurs. De là ce grand mouvement qui a élevé l'art de cultiver les terres au niveau d'une science, cette admirable modification des animaux, qui se sont pliés aux caprices de l'homme et donnent la chair ou la laine telle qu'on la désire. Le drainage a rendu cultivables des ter-

rains stériles, des plaines marécageuses. On a compris de bonne heure, enfin, en Angleterre, la
puissance des capitaux et cette vérité, qui commence
à être admise en France, que mieux vaut cultiver
une étendue en rapport avec l'argent dont on dispose, employer de bons instruments et fumer large-
ment, que de promener la charrue sur de vastes
espaces où l'on dissémine le travail et l'engrais
sur trop de points à la fois. La culture maraîchère
offre un exemple frappant qu'un travail assidu triple
la production.

Je me suis borné à acquérir les instruments vraiment indispensables; cependant ils vous sembleront
très-nombreux. Je me propose d'employer une
partie de mes bénéfices à compléter ma collection,
et cette dépense augmentera mon revenu.

Les peuples anciens, opérant sur un sol neuf,
se bornèrent d'abord, comme le font encore les
Arabes en Égypte, à gratter en quelque sorte la
terre. Un jeune arbre dont la bifurcation formait
une pointe, fut la première charrue et donna naissance à l'*araire*. Cet instrument, composé d'une
longue pièce de bois sur laquelle s'exerce le tirage,
porte un soc, dont la forme varie selon les lieux, et
deux mancherons servant à le diriger. Le laboureur fait pénétrer plus ou moins le soc, selon qu'il
soulève les mancherons ou qu'il pèse sur eux. L'a-
raire est en usage dans beaucoup de contrées; elle
a été perfectionnée avec soin, et d'éminents cultivateurs en préconisent l'emploi.

La charrue dite à avant-train est portée sur
deux roues, et l'*aye* ou la *haie* fait, avec le plan de
l'essieu, un angle dont l'ouverture se détermine à

l'aide de chaînes et d'un mouvement de bas en
haut de la pièce supérieure du corps de l'essieu.
Les mancherons servent à imprimer au soc une
bonne direction, le tirage se transmettant de l'attelage à la haie suivant un enfoncement déterminé. C'est la forme habituelle de la charrue
cauchoise. Elle convient aux terrains de résistance
moyenne. Elle est facile à conduire. Cependant, sa construction grossière présente bien des
défauts qui m'auraient empêché de l'adopter ainsi :
le déplacement du point de traction s'opère à l'aide
de chevilles qui peuvent se rompre ou se perdre ;
on varie encore le point d'appui de la haie par des
chevilles, dans les pentes ; la haie, glissant brus-
quement sur la pièce qui la soutient, se déplace par
soubresauts, et l'enfoncement n'a pas de régularité. Ces graves défauts compensaient trop les avantages pour que je ne cherchasse pas un meilleur
modèle : je l'ai trouvé.

Un cultivateur de Fécamp, M. A. Fauvel, a ap-
porté à la charrue cauchoise des perfectionnements
remarquables. Il a placé la haie en équilibre sur un
chandelier portant un demi-cercle mobile susceptible d'un certain mouvement d'amplitude. Cet appareil glisse sur la pièce supérieure du corps d'essieu à l'aide d'une forte tige, portant un pas de vis
et mue par une petite manivelle. La longueur des
chaînes se règle par des vis de rappel ; un étrier
contenant trois divisions modifie l'action du tirage
sur le soc. En réglant bien cet appareil, on obtient
une égale profondeur de raie, quelle que soit l'inclinaison du champ. Le soc et la pointe sont en
fonte, et cette matière, outre qu'elle procure une

économie notable, donne une raie plus nette que
le fer. Je m'en suis donc tenu à cette charrue, parfaitement appropriée à notre sol inégal, dont l'entretien est facile et que tous les domestiques sont
aptes à diriger ; car je ne me dissimulais pas que
j'aurais peut-être peine à modifier leurs habitudes.

La *herse* forme un carré parfait, rempli de barres
croisées entre elles et portant à leur intersection
des pointes de fer. On la fait passer sur les terres
labourées, pour en égaliser la surface, briser les
mottes et ramasser les racines des mauvaises
herbes. On fait encore passer la herse sur les blés
au printemps, lorsqu'il est nécessaire de regarnir
des pièces dévastées par les animaux ou par la gelée qui a fait gonfler la terre.

Le *rouleau* est un gros cylindre en fonte, dont
l'axe est fixé sur un bâti en forme de carré long ; il
sert à écraser et à émietter les mottes, à tasser la
terre après les semailles, ou quand les jeunes plantes
ont été déchaussées par la gelée et par le vent.

On désigne sous le nom de *herse Bataille* un appareil de forme triangulaire, porté sur trois roues
et muni d'un certain nombre de socs aplatis, dont
on règle l'entrure à volonté. Il sert à faire promptement des labours superficiels; à biner le terrain, à
détruire les mauvaises herbes; il travaille vite et bien.

Le semis des grains à la volée sera bientôt remplacé partout par le semis en lignes. Cette idée
n'est pas nouvelle, du reste ; car les agronomes du
siècle dernier ont tenté plusieurs essais que l'imper-
fection des instruments a fait échouer. Aujourd'hui
l'on construit de bons semoirs, dont les formes
varient aussi bien que le prix et qui fonctionnent

4.

bien. Les avantages résultant de l'emploi de cette machine se traduisent par une économie de semence et une augmentation de rendement.

Après avoir employé de petits semoirs qui m'ont servi pour des essais comparatifs, j'ai acheté le *semoir Garrett*, qui a figuré à Fécamp lors de l'exposition agricole; il ouvre de petites raies où le grain est déposé avec régularité et recouvert d'une légère couche de terre. On sème ainsi dix lignes à la fois. Il est fâcheux que tous les fermiers ne puissent pas faire cette dépense.

Voici encore une *binette* qui se pousse à bras d'homme, et une *houe* à cheval pour la culture des plantes sarclées. J'ai acheté encore pour le même objet une jolie petite charrue fouilleuse exposée à Fécamp; son travail de taupe détruit parfaitement les végétations parasites.

Voici une collection de *fourches* faciles à manier, légères, à dents solides, et très-bonnes pour l'arrachage des racines. La fourche à fumier est pourvue d'un manche plus long. Ce *bident* emmanché d'une longue branche de frêne sert à placer les gerbes sur les chariots. On emploie aussi ces fourches de bois pour retourner sur le sol les plantes fourragères.

Voici encore de longues truelles à planter le colza, dont je vous expliquerai l'usage.

Cette lame tranchante faisant un angle avec un manche *façonné* avec soin se voit dans la main de la figure mythologique du Temps. C'est la *faux*, qui a remplacé chez nous la faucille, même pour les céréales. On entretient le tranchant de la lame en l'aiguisant à l'aide d'une pierre trempée dans un mélange d'acide sulfurique et d'eau.

Nous avons vu fonctionner sur la ferme de M. A. Fauvel, à la Roquette, et sous la direction de M. Brunier, ingénieur à Rouen, une machine américaine à faucher le blé, avec un râteau automate.

Elle se compose d'une plate-forme portée sur des roues basses et dont l'avant est muni de pointes de fer faisant saillie, entre lesquelles passe une scie qui reçoit un mouvement de va-et-vient transmis par les roues. Quatre ailes légèrement courbées tournent dans le sens du mouvement, saisissent les tiges de blé, tandis que la scie les coupe à quelques centimètres du sol. Elles tombent sur la plate-forme; là, un râteau, mu par des articulations ingénieuses, imitant le mouvement du bras de l'homme, saisit la javelle et la dépose à terre.

Cette machine a sa place dans les pays de grande culture où les bras sont rares; elle doit rendre de grands services en Amérique et serait utilement appliquée en Algérie.

Comme la rapidité avec laquelle elle opère est vraiment merveilleuse, il faut espérer qu'on la perfectionnera encore et qu'elle prendra place parmi les instruments de nos fermes.

Son emploi serait surtout avantageux dans les années pluvieuses, alors qu'il importe de mettre promptement d'importantes récoltes à l'abri des intempéries.

On ramasse avec ces grands râteaux les fourrages et les épis restés sur les champs.

Je vous ai parlé déjà des tonneaux à arrosement;

il est donc inutile d'en donner une nouvelle description. Il est encore un autre appareil que l'on
doit avoir dans toutes les fermes exposées à man-
quer d'eau. C'est le tonneau servant à transporter ce
liquide, qu'il faut souvent aller chercher au loin. Il
se compose d'une ou de deux barriques posées sur
une charrette; mais ce mode est vicieux, en ce qu'il
exige le tirage de plusieurs chevaux. Un tonneau
traversé par un axe servant d'essieu et tour-
nant en même temps que les roues, serait beaucoup plus facile à traîner.

Le *banneau* sert à transporter le fumier, les amendements et même les denrées au marché. C'est un
tombereau sans brancards posé en équilibre sur
un essieu et s'attachant par une cheville à un avant-
train. Il suffit de retirer cette cheville pour que la
moindre charge en arrière lui imprime un mouvement de bascule qui détermine la chute du fumier.
Cette voiture n'a qu'un défaut; c'est d'être lourde à
traîner, à cause de la résistance des petites roues
de l'avant-train. J'ai combattu cet inconvénient en
calculant rigoureusement la résistance que devaient
présenter les fusées des essieux et les réduisant
au diamètre indispensable pour la charge qu'elles
ont à supporter. Ce moyen fort simple a réduit les
frottements dans une forte proportion.

Le *chariot* est une longue voiture à avant-train,
dont le fond et les côtés reçoivent un plancher. On
le charge de gerbes, de grains, de colza, de betteraves, de pommes. Il est fort commode pour
livrer de grandes quantités; mais il a l'inconvénient
de nécessiter un attelage de quatre chevaux.

J'ai fait établir une légère voiture à quatre roues,

destinée à porter les denrées au marché ; elle n'exige qu'un ou deux chevaux, et le conducteur est assis sur un petit siége établi en avant.

La simple *brouette* tient sa place dans le matériel d'une ferme. Sa construction est simple et telle qu'on peut y ajouter un coffret.

On doit être muni de larges toiles à battre le colza et de *civières* garnies de toiles pour le même objet. Cependant on les achète rarement, parce que l'on trouve facilement à les prendre en location pour quelques jours. Je préfère les avoir en ma possession, afin de battre au jour et à l'heure qu'il me plaît.

Jusqu'à nos jours on a battu le blé à bras d'homme, en France du moins ; car on prétend que les anciens employaient une machine à cet usage. Le *fléau* est une pièce de bois dur et poli articulée avec un manche assez long. Le batteur le soulève et le fait retomber sur les épis. Dans le Midi, on fait dépiquer le blé par des chevaux.

Les grandes fermes n'occupent plus guère de batteurs en granges ; elles les ont remplacés par des machines à battre, qui sont très-nombreuses dans le département de la Seine-Inférieure ; mais il en est beaucoup d'anciennes dont le travail est très-imparfait, et l'on conçoit le tort que l'on éprouve, s'il reste seulement un grain de blé dans chaque épi. Il importe donc de choisir un bon modèle bien exécuté et de ne pas faire de fausse économie. Chez nous, on a voulu jusqu'à présent des machines battant la paille en long, parce qu'elles la brisent peu et qu'on peut l'utiliser pour la couverture des toits. Dans toute ferme bien tenue, les toits de chaume

doivent être remplacés par la tuile ou l'ardoise, et
la paille donnée aux bestiaux. Il faut alors préférer
le battage en travers. Quel que soit le système
adopté, la séparation du grain doit toujours être
parfaite. Les appareils de ce genre sont ordinairement mus par un manége.

Pour nettoyer le grain, on a substitué la *vanne-
resse* au *van*. Une roue à palettes détermine un fort
courant d'air; les balles, la poussière, sont enle-
vées, et le grain en sort bien nettoyé.

Souvent on hésite à battre une grande quantité
de blé, parce qu'il est difficile de le conserver ainsi
et qu'on n'en a pas toujours le placement immé-
diat. Le blé étalé dans les greniers en couches assez
minces cependant, en raison de son poids, s'é-
chauffe; les charançons s'y développent et rongent
l'intérieur des grains; il faut donc remuer les tas
pour contrarier l'éclosion de ces insectes. Pour
simplifier cette opération, la rendre plus efficace et
mettre le blé à l'abri des animaux rongeurs, voici
le moyen que j'ai préféré.

J'ai fait poser dans le grenier, et debout sur un
chantier, des barriques de la contenance de deux
hectolitres; un trou pratiqué à la partie supérieure
permet l'introduction du grain à l'aide d'une trémie;
il se ferme par un panneau à coulisse. Il existe
également à la partie inférieure des douves une
ouverture moins grande et fermée à coulisse. Lorsqu'à l'exception de la première, elles sont pleines,
et que l'on redoute l'altération du grain, on le
laisse glisser par le panneau inférieur, on le reçoit
dans un van et on le fait glisser dans le premier
tonneau. On agite celui qui vient d'être vidé et on le

remplit en suivant le même procédé. Le blé se conserve bien, si on a soin de renouveler assez souvent
cette opération.

De cette façon, on peut débarrasser plus tôt la
grange et être toujours prêt à livrer une assez
grande quantité de grains.

Il est nécessaire de couper la paille en fragments
courts avant de la donner aux bestiaux, et le *hache-
paille* fait ce travail avec promptitude et régularité.
C'est un disque portant des lames courbes entraî-
nées par un mouvement de rotation, qui tranchent
nettement la paille engagée dans une conduite.

Nous employons aussi le *coupe-racines*, dont le
nom désigne suffisamment l'usage. L'un de ces instruments, exposés à Fécamp, se composait d'un
tambour portant dans un sens des saillies quadrangu-
laires évidées et à bords tranchants, et dans l'autre
des saillies plus petites. Il marchait dans l'un et dans
l'autre sens, donnant à volonté des fragments de
racines de deux grosseurs différentes.

Je ne vous ai parlé, dit en terminant M. Dugard,
que des machines en usage dans notre pays, et encore dans trop peu de fermes. Vous voyez cependant de combien d'instruments il faut se pourvoir
pour bien cultiver.

Nous causerons plus tard du pressoir et de la
distillerie que j'ai fait monter; je trouverai l'occasion d'y revenir.

Nous allons à présent nous occuper des plantes
cultivées dans le pays de Caux, en procédant toujours de la même façon, c'est-à-dire en recherchant
leur origine, énumérant les soins qu'elles réclament
et établissant ce qu'elles fournissent.

XX.

LE BLÉ.

On a dit avec raison qu'il fallait bien que le blé
eût d'abord poussé quelque part; cependant on ne
le trouve pas à l'état sauvage, et son origine est
inconnue. J'ai bien entendu dire qu'on le créait à
volonté par le perfectionnement d'une plante de la
famille des graminées. Un pharmacien de Rouen,
botaniste distingué, a démontré la fausseté de cette
assertion.

Quoi qu'il en soit, le blé était cultivé dès les premiers âges, et les anciens en attribuaient l'honneur
à Triptolème, à qui Cérès avait fait ce don mer-
veilleux. Les Égyptiens prétendaient le tenir de
Junon, et ils surent bien profiter de ce présent,

surtout dans les années de fertilité qui permirent à
Joseph d'emplir les greniers où les Hébreux vinrent
s'approvisionner pendant la disette. Les Gaulois
connaissaient aussi le blé; ils le réduisaient en farine grossière sous ces petites meules en pou-
dingue que l'on voit dans les musées d'antiquités.
Du reste, les Romains eux-mêmes avaient des mou-
lins fort imparfaits; et lorsqu'ils renoncèrent aux
instruments primitifs conservés par nos aïeux, ils
les remplacèrent par des meules mues par de
grandes roues à chevilles sur lesquelles s'agitaient
des esclaves. Un auteur latin, Plaute, fit longtemps
ce métier ennuyeux.

Il n'est pas nécessaire de vous dire les caractères
botaniques du froment, ces notions demandant,
pour être bien comprises, des études particulières
qui prennent place dans des ouvrages spéciaux. Je
préfère vous parler, au point de vue de la pratique
agricole, de la plante céréale par excellence qui fait
la plaine verte l'hiver, jaune l'été.

Après des labours et des hersages suffisants, on
sème généralement le blé à la volée. Le semeur
passe sous son bras un sac dont le fond est sou-
tenu par son épaule; il saisit le grain par poignées
et le jette en faisant décrire à sa main un arc de
cercle et en faisant des pas égaux.

Disons tout de suite que la moyenne du rendement
par hectare, d'après cette méthode, est, pour le
canton de Fécamp, de vingt-deux hectolitres et
demi dans les années ordinaires; elle augmente
parfois dans une forte proportion; mais ce chiffre
nous prouve la négligence de certains fermiers, qui
retirent bien moins que cela de leurs terres,

puisque l'on comprend dans l'établissement de la moyenne des cultivateurs qui obtiennent trente-neuf et même quarante-quatre hectolitres par hectare. Et c'est le lieu de faire remarquer les conséquences d'un travail bien raisonné : tandis que les uns portent au marché, une égale étendue de terre étant supposée, vingt hectolitres de blé, qui, vendus à raison de 18 fr., donnent une somme de 360 fr., d'autres disposent de quarante-quatre hectolitres et reçoivent 792 fr.

Nous dirons, dans le chapitre suivant, comment on prépare un pareil résultat.

La seule méthode rationnelle de cultiver le blé consiste à le semer en lignes, et à peine commence-t-on à l'essayer. Cependant, outre qu'elle permet d'entretenir la terre très-propre, qu'elle fait végéter plus vigoureusement les pieds convenablement espacés, elle a l'avantage d'épargner une notable dépense. En effet, le semis à la volée exige deux cent trente litres de grain par hectare ; le semis en ligne de cinquante-quatre à cent cinquante litres, selon que l'on opère à la main ou avec des instruments. L'économie, enfin, peut être évaluée aux deux tiers. Puisque les semailles absorbent, dans le seul canton de Fécamp, quatre mille cent soixante-quinze hectolitres de froment, on pourrait en épargner, par le système préconisé par M. Girardin, deux mille trois cent soixante-quinze hectolitres, représentant, à 18 fr., la somme de 42,750 fr.

Pour moi, je me sers avec succès du semoir Garrett : le grain est déposé également, placé à une bonne profondeur et recouvert de façon à as-

surer la germination et à le mettre à l'abri des
oiseaux pillards. Il a bien à souffrir des taupes et
des mulots ; mais je leur fais une guerre d'extermi-
nation ; je n'hésite même pas à recourir au poison,
en prenant toutefois les précautions que la santé
publique réclame.

La plante se développe bien, la tige se dresse
verte et forte.

Mais parfois la gelée fait gonfler la terre ; un
vent sec déracine les plantes en émiettant la terre ;
il faut alors passer le rouleau, qui comprime toute
la surface. Les limaces dévorent les feuilles ; on les
brûle avec de la chaux en poudre. Enfin, la pluie
charge les épis ; ils se renversent l'un sur l'autre
comme des soldats de carton ; ils versent, laissant
de vastes clairières sur lesquelles s'abattent les
corbeaux et les moineaux, qui causent un dégât
considérable.

Cependant ce dernier inconvénient n'est guère à
redouter, quand on admet une bonne rotation qui
amende les terres et leur laisse assez de silice pour
assurer aux plantes une résistance suffisante.

Vous voyez combien cette plante précieuse demande de surveillance et de soins.

Enfin, les épis se dorent aux feux du soleil, les
feuilles se dessèchent, et un léger craquement se
fait entendre dans la campagne. Les faucheurs
agitent la longue lame de leur faux ; les épis
tombent réunis en javelle. Quelques jours de pluie
feraient germer le grain, et l'on n'aurait que du
pain noir. On ramasse donc les javelles et l'on en
forme des gerbes qui sont soutenues par un fort
lien de paille ; puis on dresse plusieurs de ces

gerbes la tête en haut, et on les couvre d'une gerbe renversée formant toiture. C'est la meilleure manière d'établir des *veillottes*, où le blé se conserve très-bien.

Croirait-on qu'une méthode aussi simple, qui met en peu de temps la récolte entière à l'abri des intempéries, n'est pas encore pratiquée partout, bien que chaque année le *Moniteur* ait soin de la décrire et de la recommander ? Elle s'est répandue rapidement dans le pays de Caux, à la suite des guerres d'Allemagne. Des soldats intelligents, ayant remarqué des veillottes et en ayant compris les avantages, se sont hâtés d'en faire usage lorsqu'ils ont quitté le mousquet pour la charrue, et ils ont été imités par leurs voisins.

On profite d'un beau temps pour rentrer le blé dans la grange. Si elle n'est pas assez vaste, on y supplée en établissant des *meulons*, énorme amas circulaire de céréales recouvert d'un toit conique en paille.

Comme la couche la plus voisine du sol est exposée dans les meulons à l'humidité, et comme les petits animaux rongeurs y trouvent un accès facile, j'ai évité ces inconvénients à l'aide d'une faible dépense. J'ai fait établir des bâtis en bois du Nord, faciles à monter et à démonter, dont les six montants sont posés sur des pierres plates. Le plancher, composé de traverses placées à trente centimètres les unes des autres, est posé à cinquante centimètres du sol, et le toit, établi sur des voliges, est en chaume comme à l'ordinaire. L'ensemble a la forme d'une maisonnette. De cette façon, l'air circule librement dans le tas, et les souris n'y pénètrent que difficilement.

Le blé étant sujet à la carie, on le met à l'abri de cette maladie en lui faisant subir une préparation avant les semailles. Le *chaulage* s'opère à l'aide de procédés dont l'effet est connu, et l'on a soin de ne plus employer de substances dangereuses. Lorsque l'on n'avait pas encore adopté cet usage, les champs se couvraient d'épis gâtés ; à peine sauvait-on le tiers de la récolte, déjà bien diminuée par les chardons, les coquelicots et les bluets qui envahissaient une partie du champ.

On a vraiment accepté un grand nombre d'innovations, et le temps n'est pas éloigné où tous les cultivateurs imiteront entièrement ceux qui récoltent le plus.

Or, si l'on récolte autant de blé sur une moindre étendue, il n'en reste que plus de place pour le lin et le colza, qui font aussi entrer de bons écus dans la poche des fermiers soigneux.

XXI.

COMMENT ON RÉALISE LE PRIX DES OPÉRATIONS AGRICOLES.

— Le blé offrant au cultivateur un moyen de réaliser le profit qu'il est en droit d'espérer de son travail, c'est le moment de vous faire comprendre le résultat final des opérations complexes de la culture ; et pour cela, il me faut traiter un point que j'ai déjà indiqué.

Le blé, ainsi que d'autres plantes, demande au sol certains principes nourriciers que des récoltes successives absorbent au point de le rendre improductif, lorsqu'on lui demande, sans rien lui rendre, plusieurs récoltes successives de cette céréale, à moins que, comme en Égypte, la terre ne se renouvelle par une couche d'alluvions.

Si l'on ne veut pas avoir recours à la jachère, c'est-à-dire au repos du sol, ce qui n'est plus permis à l'industrie, qui doit tirer toujours parti des instruments dont elle dispose, il faut régénérer la terre en lui rendant par les engrais les principes qui ont été enlevés.

Or, vous le savez déjà, les bestiaux seuls peuvent donner un engrais bon et durable; car je vous ai déjà dit ce que coûtaient et le peu que donnaient les engrais offerts par le commerce.

On ne peut avoir de bestiaux sans assurer leur nourriture toute l'année, aussi bien l'hiver que l'été. De là, la nécessité de semer des végétaux destinés à cette consommation, des plantes fourragères qui, demandant peu à la terre, ne consomment pas le fumier qu'elles aident à produire.

Ces plantes réclament une certaine place dans l'étendue qui constitue l'exploitation. Il a donc fallu diviser le terrain, en assignant à chaque culture un emplacement suffisant et en déterminant l'époque où elle peut revenir sur la même partie. L'infériorité de notre culture, considérée dans l'ensemble de la France, tient à ce que les prairies, les fourrages, n'occupent pas assez de place. Pour nous en tenir au canton de Fécamp, déjà bien privilégié, nous trouvons à peine une tête de gros bétail par hectare de terre cultivée; le rapport des plantes épuisantes aux plantes fourragères y est de :: 31 : 10. En Angleterre, il est de :: 10 : 10. Cette proportion est certainement tout à l'avantage de la production des animaux, dont le nombre est triple.

Un progrès en amenant un autre, on apprit bientôt que la pomme de terre, les carottes, les betteraves avaient une heureuse influence sur la santé
des bestiaux, les engraissaient rapidement et aug-
mentaient la masse du fumier, en permettant de
nourrir un plus grand nombre de têtes. On sema
donc des racines; mais comme elles demandent
beaucoup à la terre, il fallut leur donner une partie
des engrais qu'elles aidaient à acquérir. En outre,
semées en lignes, elles laissaient à nu une partie du
sol jusqu'au développement de leurs feuilles, et il
y poussait des plantes parasites, qui absorbent à leur
profit une partie des sucs nourriciers. Cela avait
bien lieu dans les semis à la volée; mais on n'y sa-
vait de remède que le sarclage à la main. Entre les
lignes il était facile de biner la terre; on fit d'abord
ce travail à la bêche, puis avec des instruments qui
travaillent vite et bien; enfin, on reconnut qu'il était
nécessaire de butter les plants : des instruments re-
jettent la terre de chaque côté et donnent à l'espace
réservé entre les lignes la figure d'un V. Tout ceci
étant propre à détruire les végétations parasites, la
culture des plantes sarclées fut accueillie comme un
bienfait et ne tarda pas à se répandre.

Un fait que l'on n'avait pas soupçonné d'abord
se produisit bientôt : on s'aperçut que les racines,
n'exigeant pas pour leur accroissement les mêmes
principes que le blé, laissaient au sol une fécondité
que l'on pouvait mettre à profit, et l'on arriva à
cette pratique hardie de faire deux années de suite
des betteraves sur le même champ bien fumé et
d'y semer du froment la troisième année.

C'est la méthode par excellence : les mauvaises

herbes ne se montrent plus sur les champs, net-
toyés comme la terre d'un jardin. Le blé, s'empa-
rant des éléments dédaignés par la betterave et
dont il est avide, végète vigoureusement; la tige,
moins longue, mais plus forte, ne verse pas, et l'épi
nourrit bien tous ses grains.

C'est ainsi que, dans le département du Nord, on
a porté le rendement moyen de vingt hectolitres
par hectare, à trente; que le nombre des bœufs a
été porté, dans l'arrondissement de Valenciennes,
de quatre mille à dix mille sept cent quatre-vingt-
quatre.

Nous pouvons donc suivre la marche des opérations du cultivateur en laissant de côté les plantes
industrielles.

La terre reçoit d'abord des fourrages dont la valeur ne pourrait pas se réaliser en argent. On les
donne aux bestiaux.

Les bestiaux fournissent du travail, du lait et du
fumier.

Le prix du lait rentre tout de suite; quant au
fumier, on ne peut en recevoir l'argent qu'après
une nouvelle transformation.

Il enrichit la terre, qui produit des racines et du
blé. Les racines fournissent de la viande, qui est
vendue, de même que le blé.

L'argent que l'on reçoit alors représente par
conséquent la valeur du fourrage qui a servi de
base aux opérations successives que je viens d'é-
numérer.

L'agriculture est donc bien une industrie aussi
complexe que la production du fer, par exemple.
Elle exige un enchaînement de faits aussi logiques,

5

autant de soins et d'ordre. Cependant on la voit trop souvent pratiquée par des routiniers qui ne tiennent même pas de comptabilité.

Mais, je me hâte de le dire, dans le pays de Caux, beaucoup d'hommes vraiment capables n'hésitent pas à faire tourner d'excellentes études au profit de la culture des terres. On doit applaudir à cette tendance, qui, répandant dans nos campagnes le trop-plein des professions libérales, multipliera les perfectionnements et donnera à tous des enseignements pratiques.

XXII.

LE SEIGLE.

Le seigle est surtout cultivé pour sa paille, qui fait d'excellents liens. Il entre pour une faible part dans nos cultures, mais il n'en est pas de même dans certains pays, où on le sème même sur les pentes les plus abruptes des montagnes, et où il forme la base de la nourriture.

L'emploi du seigle n'est pas sans danger. Il est sujet à une dégénérescence connue sous le nom d'*ergot* ; ainsi altéré, il agit de la manière la plus fâcheuse sur l'économie.

XXIII.

L'ORGE.

L'orge, dont l'usage remonte à la plus haute antiquité, nourrit les bestiaux et la volaille.

L'orge germée et torréfiée sert à la fabrication de la bière. Le grain, abreuvé d'eau et déposé dans une cuve, — le germoir, — entre en végétation, et la matière farineuse se transforme en matière sucrée; lorsque cet effet est produit, on arrête la germination en exposant le grain à un certain degré de chaleur. On le triture et on le mélange avec de l'eau; la fermentation s'établit et produit une boisson alcoolique d'une saveur particulière, dont on modifie le goût par une addition de houblon, qui assure la conservation des graines aromatiques.

XXIV.

L'AVOINE.

L'avoine, que l'on dit indigène du Nord de l'Europe, était très-estimée des Gaulois, qui la regardaient comme un mets délicat. Après l'avoir torréfiée ou réduite en gruau, ils en faisaient des bouillies et des galettes. On l'emploie de nos jours à la fabrication d'une bière très-fine; mais elle a cessé de faire partie de l'alimentation, excepté dans quelques contrées du Nord, où on la mélange avec l'orge et le seigle. Elle devait être, en effet, repoussée comme nourriture; car, à moins de grands soins, sa farine est mêlée de petites parties dures et piquantes qui irritent le gosier. Les individus qui en ont fait usage pendant la dernière disette (1817) se rappellent toujours la sensation pénible que leur causait le pain d'avoine.

Cette belle plante, dont les tiges vertes se balancent avec tant de grâce, dont l'axe florifère obéit au moindre souffle du vent en agitant ses grains noirs qui semblent prêts à se détacher, est cultivée pour les animaux. Elle entretient la vigueur des chevaux et leur donne ce beau poil lisse si brillant à l'œil ; elle excite l'appétit des vaches, et, tonifiant les moutons, elle leur fait éviter de graves maladies.

L'avoine demande un sol bien fumé et bien préparé ; elle croît très-bien sur les défrichements, et je l'ai vue acquérir là une grosseur et une rigidité de tige telle, qu'on en eût fait des chalumeaux, comme ceux dont se servaient les bergers de la campagne de Rome, au dire de Virgile.

Les balles de l'avoine servent à garnir les paillasses sur lesquelles on couche les enfants. C'est un excellent coucher, bien préférable à la laine dont on bourre leurs matelats.

Vous connaissez sans doute la folle avoine, si nuisible aux blés qu'elle envahit dans les terres mal cultivées. C'est une plante gracieuse qui peut tenir sa place parmi les élégants végétaux de nos jardins.

Mlle Eugénie regrettera peut-être les gentils bouquets d'avoine follette, de bleuets et de coquelicots, que les jeunes filles pouvaient cueillir autrefois le long des blés ; mais j'ai fait tout ce que j'ai pu pour éloigner ces jolies fleurs de mes champs et pour les enfermer dans mon jardin.

XXV.

LE PAIN.

Comme on attendait des visiteurs à la ferme, on avait *cuit* le matin, et Mme Dugard avait fait confectionner sous ses yeux de la brioche, du pain au lait, de la galette, des tartes, et même des boules contenant des pommes hâtives. Cette pâtisserie de ménage fut unanimement déclarée excellente, et sembla d'autant meilleure qu'elle était accompagnée de quelques bouteilles de cidre mousseux. On fit un excellent goûter.

Je ne comprends pas, dit M. Dugard, comment on a renoncé, dans la plupart des fermes, à confectionner le pain qui s'y consomme. Outre que l'on a ainsi l'occasion de servir à peu de frais, aux gens de travail, des galettes dont ils se montrent très-friands, on mange un pain bien fait, bien cuit, très-nourrissant, et ne renfermant que la quantité d'eau nécessaire à la panification. La farine blutée à dessein à un moindre degré, pour cet usage, donne une pâte de couleur bise, mais dont la saveur est bien plus agréable.

La tendance de la meunerie est fâcheuse, et les consommateurs ont accueilli trop légèrement des innovations qui tournent à leur préjudice. On veut du pain très-blanc; il faudrait exiger du pain nourrissant et sain. En effet, le blutage excessif que l'on fait subir aux moutures donne une farine maigre et rendant peu. On élimine ainsi les parties nutritives que le son retient en notable quantité; car c'est une erreur de croire que ce produit est inutile à l'alimentation. On s'est nourri très-longtemps de pain bis, et un caprice seul a fait rechercher le pain blanc pour l'usage ordinaire; la manie d'imitation, qui exclut le raisonnement, en a étendu l'usage. Les personnes riches ayant admis le pain très-blanc et fait au levain de bière, les ouvriers ont mis toute leur ambition à agir de même; autant vaudrait alors que tout le monde consommât du pain de gruau. On a donc mis au rebut et donné aux animaux près du cinquième d'un aliment indispensable à la population. Si les personnes aisées avaient le bon esprit de renoncer à un usage que rien ne justifie, ni l'économie, ni le goût, elles seraient encore imitées, et l'on augmenterait, par cela même, la masse du blé, dans une proportion telle, que l'on serait à l'abri des chertés excessives que l'on a eues à subir pendant plusieurs années.

Vous mangez avec trop de plaisir notre pain bis, au levain de pâte, pour que je me croie obligé d'en faire l'éloge. Votre goût vous prouve qu'en mangeant du pain blanc, vous obéissez seulement à la mode.

XXVI.

LA POMME DE TERRE.

La pomme de terre est originaire de l'Amérique méridionale ; on regarde le tubercule qui croît naturellement au Chili comme le type de toutes nos variétés.

On ignore le nom de celui qui apporta le premier en Europe cette plante précieuse ; pendant longtemps même, on ne la cultiva dans les jardins que comme un végétal curieux, parce qu'il venait d'un pays étranger. Elle fut enfin rangée en Allemagne parmi les ressources alimentaires ; mais elle était presque inconnue en France quand Parmentier entreprit d'en faire prévaloir l'usage. Il rencontra d'abord cette résistance opiniâtre que les

5.

préjugés opposent toujours aux innovations les plus profitables ; mais il n'était pas homme à se décourager facilement. Pour prouver que la pomme de terre végétait bien dans les plus mauvais sols, il en fit une grande plantation dans la plaine des Sablons. Cet essai fut annoncé de tous côtés, et, feignant de craindre les maraudeurs, Parmentier obtint de faire garder son champ par des soldats. Il offrit à Louis XVI la première fleur qui se montra sur les tiges, et ce monarque en para sa boutonnière. Puis, les tubercules étant développés, il ne les fit plus garder que le jour. Ce qu'il avait prévu arriva : c'était à qui s'emparerait de quelques pommes de terre, pour les placer dans son jardin et en faire l'essai en cachette. Grâce à cette ruse du philanthrope, la pomme de terre se répandit promptement et on la donna aux bestiaux. Ce n'était pas encore assez : il voulait la faire adopter par les gourmets. Le savant se fit cuisinier. Il servit à de nombreux convives un dîner où la pomme de terre parut sous cent formes différentes : cuite à l'eau, frite en tranche, en purée, en gâteaux, etc.

La culture maraîchère s'en empara alors et créa une foule de variétés excellentes. Elle devint l'élément indispensable de la nourriture du pauvre, et tint une belle place sur la table du riche.

Cette plante, d'une merveilleuse fécondité, semblait enfin destinée à rendre une disette impossible, quand elle fut attaquée par une maladie qui fit presque désespérer de son avenir. On se mit à chercher de tous côtés un végétal qui pût la remplacer ; tous les efforts firent connaître seulement l'igname de la Chine, qui a pris place dans nos jardins.

Il a fallu renoncer aux variétés les plus sujettes à la maladie et tenter les semis.

Les soins les plus assidus ont triomphé en partie du mal, et, dans le canton de Fécamp, le rendement s'est relevé jusqu'à une moyenne de deux cent vingt-huit hectolitres par hectare. Les maraîchers de Fécamp obtiennent trois cents hectolitres. On récolte enfin dans la grande culture quinze fois la semence, tandis qu'autrefois la proportion était de vingt-cinq pour un.

Un cultivateur a fait connaître une variété nouvelle sur laquelle on fonde de grandes espérances et qui est l'objet d'essais faits avec soin. La pomme de terre chardon paraît bien résister aux variations atmosphériques, et elle procurera peut-être aux cultivateurs une ressource qu'ils désespéraient de retrouver.

La pomme de terre est mise en terre au moment où elle n'a plus à redouter l'action de la gelée. Elle reçoit un binage et un mottage qui ont appris à débarrasser le sol des mauvaises herbes ; c'est à elle que l'on doit les procédés appliqués aux plantes sarclées.

XXVII.

LA CAROTTE.

La carotte croît naturellement en France ; mais on ne reconnaît plus cette racine grêle dans les belles variétés que des perfectionnements successifs ont créées. Tout le monde connaît cet excellent légume, dont la saveur sucrée et l'odeur aromatique relèvent le goût du modeste pot-au-feu ou bien ajoute au mérite des ragoûts les plus fins. Comme les bestiaux n'en sont pas moins friands que les hommes, on l'a fait entrer dans la grande culture ; on ne choisit pas, il est vrai, les variétés les plus fines, mais celles qui rendent le plus.

La carotte, semée en lignes, est binée et sarclée. On la conserve soigneusement pour l'hiver. Son emploi contribue à assurer la sécrétion d'un lait abondant et de bonne qualité pendant toute la mauvaise saison ; ce qui est une ressource qu'on a tort de négliger.

Le cultivateur qui sait ménager ses racines a de bon lait en tout temps, à son grand profit. Celui qui, prodigue au début, ne donne ensuite qu'une nourriture trop faible, n'obtient plus qu'une petite quantité d'un lait clair et sans valeur.

XXVIII.

LA BETTERAVE.

Le navet, le turneps, le chou-rave sont utilisés pour la nourriture des bestiaux ; mais ces plantes sarclées n'entrent guère dans la culture de notre pays. La betterave semble avoir pris leur place, et cette plante triplement industrielle mérite bien qu'on en parle avec une certaine étendue.

Elle offre trois variétés, qui sont l'objet d'une grande exploitation : la disette, préconisée à la fin du dernier siècle par l'abbé de Commerel, la betterave blanche de Silésie et la betterave blanche à collet rose. Ces deux dernières ont une grande tendance à retourner à leur type primitif, la disette, comme j'en ai vu maint exemple.

Elle demande une culture soignée et des engrais abondants ; mais — je vous l'ai déjà dit — elle rend bien au delà de ce qu'on lui prête.

Tandis que la moyenne du département de la Seine-Inférieure était de quarante mille kilogrammes à l'hectare, les agriculteurs du duché des Deux-Ponts étaient arrivés au rendement relativement énorme de quatre-vingt-dix mille kilogrammes. Mais ce chiffre a été bien dépassé dans le canton de Fécamp, où un agronome distingué, M. Ch. Dargebt, a obtenu cent quatre-vingt mille kilogrammes. Cette énorme différence entre les produits d'une même plante est due tout entière au soin ou à la négligence de celui qui la cultive. En effet, le plus haut chiffre que je viens de citer a été donné par une terre de qualité médiocre, mais bien travaillée et fumée à haute dose. .

Je n'ai parlé jusqu'à présent que de la disette.

Dès la moitié du dernier siècle on avait constaté la présence du sucre dans la betterave, et cinquante ans après Achard avait trouvé le moyen d'en extraire ce principe d'une façon industrielle.

Lorsque les guerres maritimes annulèrent nos relations avec les pays d'outre-mer, on chercha tous les moyens possibles de produire un sucre indigène ; tous les essais montrèrent qu'il fallait le demander à la betterave, et l'empereur encouragea les recherches dans ce sens. Ce furent alors des railleries sans fin de la part des hommes superficiels, qui, s'attachant à la forme et non au fond , niaient qu'une racine grossière pût contenir une pareille friandise. Heureusement, les savants et les industriels ne se découragèrent pas, et aujourd'hui la betterave lutte, malgré des droits différentiels, contre le sucre de cannes. La fabrication du sucre indigène occupe beaucoup d'usines et emploie une surface considérable de terrain, dans le Nord de la France surtout. On préfère pour cet emploi la betterave blanche à collet rose, qui donne un plus faible rendement en poids, mais contient plus de sucre.

Des recherches récentes sur la valeur nutritive des diverses variétés ont confirmé un fait signalé déjà par Matthieu de Dombasle : c'est que les variétés à sucre nourrissant autant sous un moindre volume, il est avantageux de les donner aux bestiaux. Les animaux ne s'en portent que mieux, puisque l'estomac est moins chargé et les intestins moins distendus. La main-d'œuvre est moins onéreuse tant pour l'arrachage que pour le transport; la conservation plus facile, puisqu'il faut moins de place.

Dès 1830, une fabrique de sucre a été créée à Fécamp, et un établissement dn même genre s'éleva, quelques années plus tard, dans le canton de Goderville. Ces deux tentatives n'eurent pas de succès. Plus tard, la cherté des alcools fit naître une autre spéculation. La matière sucrée de la betterave pouvant fournir par la fermentation des trois-six, on établit des distilleries et l'on passa des marchés pour la fourniture de quantités considérables de racines. L'agriculture eût beaucoup gagné à ce mouvement, sans deux inconvénients assez graves : la nécessité de transporter au loin de lourds chargements force à employer pour cet usage un attelage que les travaux des champs réclament, et la préparation des terres en souffre. D'un autre côté,

la betterave, livrée à l'industrie, absorbe le fumier
de la ferme sans lui rendre cet élément indispensable. On peut, il est vrai, nourrir les bestiaux
avec les pulpes, lorsqu'elles sont traitées par certains
procédés; mais il en est d'autres qui les rendent
impropres à cet usage. En outre, il faut toujours
transporter ces pulpes avec perte de temps pour
les hommes et pour les chevaux.

Ces inconvénients réels ont donné naissance à une
industrie vraiment agricole : la distillation, dans les
fermes mêmes, des jus de betteraves, opérée de telle
façon que les pulpes conservent une grande partie
de la valeur primitive de la plante.

L'un des premiers, ajouta M. Dugard, j'ai monté
une distillerie d'après le système Champonnois.
Depuis que j'opère sur mes betteraves et sur celles
de deux fermes dont les terres touchent les miennes,
j'ai obtenu des résultats qui ont dépassé mon attente. Je produis seulement des *flegmes* à quarante-
cinq ou cinquante degrés, qui sont vendus aux industriels et portés par eux à quatre-vingt-dix ou
quatre-vingt-quinze degrés. Les pulpes, n'ayant perdu que le sucre, me servent à engraisser des bestiaux que j'achète dans ce but. Il me faut donc
conduire le travail de telle sorte qu'il dure le temps
nécessaire à l'engraissement. Bien que les alcools
de vin soient retombés à un prix normal, et que,
par conséquent, la valeur de l'alcool de betteraves se
soit considérablement abaissée, je puis encore con-
tinuer mes opérations avec un léger bénéfice.

Au gain résultant de la distillation même j'ajoute
la différence de la viande produite et la valeur des
tas de fumiers qui restent à ma disposition.

Vous pourrez voir, dans le pays de Caux, un
certain nombre de distilleries agricoles, basées soit
sur le système Champonnois, soit sur le système Le-
playet, donnant à peu près les mêmes résultats. Il
est inutile de vous expliquer en quoi ces deux procédés diffèrent. Pour l'un comme pour l'autre, il
faut établir un vaste silo où l'on conserve les racines à l'abri des vicissitudes atmosphériques pendant le temps nécessaire.

L'alcool de betteraves est entré pour une forte
part dans la consommation, et non sans danger.
Autant que celui de pommes de terre ou de grains,
il paraît causer l'ivresse furieuse et prédisposer aux
troubles du cerveau. Aussi les cas de folie résultant de l'abus des liqueurs fortes ont-ils été plus
fréquents depuis qu'on l'emploie.

Il faut espérer qu'à l'avenir son usage sera res-
treint à la fabrication des vernis, etc. Et puisque les
hommes ne sont pas assez raisonnables pour user
avec modération de ce stimulant, l'alcool de vin,
reprenant son ancienne place, produira du moins
des désordres moins grands.

J'ai omis de dire que la betterave se sème en
lignes, est sarclée, binée et mottée. La racine sort
de terre et s'accroît en partie à l'air libre. On hâte
son développement en répandant sur la plante du
purin mêlé d'eau.

XXIX.

LES PLANTES FOURRAGÈRES.

Les fourrages proprement dits doivent, comme je vous l'ai fait observer, tenir une large place dans les exploitations où il est impossible de produire assez d'engrais pour cultiver partout des plantes épuisantes. C'est enfin, vous vous le rappelez, le point de départ de toutes les opérations.

On ne sème pour cet usage, dans notre pays, que peu de végétaux.

C'est d'abord le *trèfle rouge*, qui réussit bien, se prête à l'assolement semi-triennal, et donne une bonne nourriture. On le fauche, pour le conserver en bottes, ou on le fait pâturer, les bêtes étant au piquet. Pour moi, vous le savez, je le fais déposer dans les râteliers. Il demande peu au sol, et ses débris lui rendent ce qui a été enlevé; mais il laisse se développer une quantité de mauvaises herbes dont il faut ensuite se débarrasser. Cependant, malgré ce défaut, le trèfle a toujours rendu de notables services à l'agriculture cauchoise.

On cultive aussi le *trèfle incarnat*. Nos paysans en ont altéré le nom et l'appellent trèfle *infernal*. C'est un bon fourrage, prêt de bonne heure, et que l'on fait consommer en vert. On ne peut lui reprocher que le goût qu'il communique au beurre.

Les champs de trèfle incarnat présentent, lors de la floraison, un vaste tapis d'un rouge brillant du plus bel aspect.

On cultive encore les pois et les vesces, précieuse nourriture d'hiver pour les chevaux et pour les moutons.

La luzerne est peu en usage, cette plante demandant, pour durer, un terrain très-profond.

Certains fermiers ont obtenu de convertir en herbages les parties les plus pauvres de leur exploitation ; et comme ils ont réalisé plus de profit que ne leur en donnait l'assolement triennal avec des fumures incomplètes, on a fait l'éloge de cette pratique ; on a même cherché à l'étendre. C'est un tort, puisqu'on ne peut attribuer les mécomptes qu'aux mauvaises conditions de la culture ou aux exigences des baux, qui parfois, par une fausse interprétation d'un usage restrictif, exigent un tiers en blé. Mieux vaudrait, en continuant de les labourer, ne demander à ces mauvaises terres que ce qu'elles peuvent donner, et, les améliorant peu à peu, les mettre en état de recevoir des plantes épuisantes.

Il n'est pas de sol qui ne puisse être transformé avec des soins et de la persévérance. Il y a toujours avantage à demander à la terre, quelle qu'elle soit, des plantes fourragères, au lieu de l'herbe courte qu'elle peut seulement offrir.

XXX.

LE LIN.

La culture de certains végétaux industriels est pratiquée depuis longtemps dans le pays de Caux. A la fin du dernier siècle, on y comptait beaucoup de champs de colza et de lin.

Cette dernière plante, qui paraît végéter plus vigoureusement dans la zone soumise à l'action des vents venant de la mer, était employée pour la fabrication des toiles dites de Caux, qui jouissaient d'une grande réputation.

On tirait alors la graine de la Zélande, et l'on commençait à admettre la pratique hollandaise, qui consistait à ramer le lin, pour obtenir plus de longueur et plus de finesse.

Un revirement de l'industrie avait fait abandonner la culture de cette plante textile; la construction d'une filature mécanique à Gerville l'a fait reprendre.

Le lin demande une terre bien préparée; on le sème très-épais et on le sarcle à la main, dès qu'il forme un tapis d'un vert tendre.

Rien n'est gracieux comme un champ émaillé de ces petites fleurs bleues, si délicates, qu'elles paraissent prêtes à s'envoler. Les tiges, obéissant au moindre souffle de la brise, ondulent et se redressent en simulant des vagues.

Lorsque le lin est arrivé à un degré convenable de croissance, on l'arrache et on le dispose pour qu'il reçoive l'influence de l'air. Les industriels ont fait abandonner le rouissage à l'air; ils exécutent eux-mêmes le rouissage à l'eau courante, qui donne une filasse plus souple et qui permet d'utiliser le lin portant graine pour le filage de numéros assez fins.

La tige étant ainsi préparée, on en brise l'enveloppe par l'écanguage et on en dégage la matière fibreuse. Il faut encore la débarrasser de l'étoupe par plusieurs peignages avant de pouvoir la convertir en fil.

Le tissage à la main de la toile ne compte plus que quelques ouvriers : on l'a remplacé par le tissage du calicot. Cependant on fait encore à Fécamp de magnifiques damassés dont la finesse et la richesse de dessin ne laissent rien à désirer.

La graine de lin donne de l'huile et est utilisée par la pratique médicale. La plus estimée pour les semailles nous vient de Riga. Chaque année, des navires en importent des quantités suffisantes dans le port de Fécamp.

XXXI.

LE COLZA.

Le colza est cultivé pour sa graine, dont on extrait l'huile d'éclairage.

On le sème en pépinières et on le met en place à l'automne.

On se bornait autrefois à le semer à la volée, ou tout au plus à jeter avec négligence le plant dans les raies que venait d'ouvrir la charrue et qu'elle recouvrait en continuant son travail. Mais on a compris qu'il importait d'espacer suffisamment et d'une manière régulière les plantes, pour que l'air circulât librement et favorisât le développement des gousses inférieures.

On a donc pris, il y a quelques années, l'habitude de placer le colza au plantoir. Le champ étant préparé, un homme, armé d'un piquet triple ou

quadruple, pratique les trous; des femmes le sui-
vent, plaçant une plante dans chaque trou, et à une
égale profondeur; elles foulent ensuite la terre du
pied pour la faire adhérer à la tige.

Dans cette opération, le piquet, pénétrant la terre
nouvellement remuée, la comprime, durcit les parois du trou, et il reste des vides autour des racines qui ont peine à pénétrer les parties dures
dont elles sont entourées. On a donc introduit un
nouveau perfectionnement; on se sert aujourd'hui
d'une sorte de truelle allongée. La terre, encore
ameublie par cet instrument, pressant également
la tige et les racines, il ne reste aucun vide.

Ces soins, qui semblent bien minutieux, assurent
une végétation plus prompte, plus régulière, et un
plus fort rendement.

Quand les siliques sont bien formées, que le
colza jaunit, on le coupe à quelques centimètres de
terre, et on le dépose sur des civières garnies de
toiles pour le transporter sur la toile à battre. Sans
cette précaution, on laisse tomber à terre beaucoup
de graines qui sont perdues.

L'aire où l'on bat est bien dressée, et lorsque le
tas est assez haut, on le fait piétiner par des chevaux,
dont les pieds brisent les siliques qui renferment
une graine fine, noire et luisante.

Le colza est enfermé dans des sacs, livré aux fa-
bricants, qui en extraient l'huile à l'aide de pilons
mus par une roue à cornes; puis, l'huile obtenue
est épurée et rendue propre à l'éclairage.

Le commerce de cette graine a pris une grande
importance. Les usiniers des environs de Paris en
achètent de fortes parties dans notre contrée.

XXXII.

LES POMMIERS A CIDRE.

Le fermier doit, outre les connaissances nécessaires à l'agriculteur, posséder quelques notions
d'arboriculture, puisqu'il lui faut soigner et faire
fructifier les pommiers qui donnent le cidre, si cher
aux Normands, qu'un de leurs poëtes l'a placé bien
au-dessus du vin.

Certainement le cidre bien préparé et mis en
bouteilles offre une boisson agréablement pétil-
lante, appréciée avec raison par les amateurs ; mais
pour le liquide consacré aux usages ordinaires, on
doit être plus modeste et se borner à constater
qu'il est agréable et sain, en ce qu'il exerce une ac-

6

tion tonifiante, utile surtout aux ouvriers qui travaillent exposés aux intempéries.

Le cidre étant bien moins cher que le vin, sa
consommation s'étend chaque jour. On lui donne
avec raison, dans beaucoup de villes, la préférence
sur ces produits sans nom qui ne ressemblent en
rien au jus de la vigne et que l'on vend pourtant
comme tel. A ce titre, l'importance des pommiers
s'accroît, et on ne saurait donner trop de soins à
un arbre qui, une année au moins sur trois, fournit
une récolte abondante.

Si vous ne vous faites jamais cultivateurs, vous
aurez néanmoins peut-être à faire des plantations de
pommiers, et je crois devoir vous donner des ren-
seignements complets non-seulement sur ce que
l'arbre exige alors, mais encore sur ce qu'il demande pendant le cours de son existence.

Dans ces dernières années, une maladie désas-
treuse a sévi sur les pommiers à cidre ; il a fallu
même renoncer à certaines variétés qui ont disparu.
La plupart des individus que l'on a pu conserver
sont faibles, et leurs produits diminuent.

C'est, selon moi, à cet état de faiblesse des arbres
qu'il faut attribuer de fréquents mécomptes. Une
floraison superbe est suivie d'une récolte presque
nulle : le moindre mauvais vent, la petite gelée
tardive font couler toutes les fleurs.

Les arbres vigoureux seuls résistent bien aux
fréquentes intempéries de nos printemps, et cela
se remarque aussi bien dans les jardins enclos de
murs que dans les cours des fermes.

Or, on peut attribuer la constitution délicate de

nos pommiers au mode de culture dont ils sont
l'objet depuis de longues années.

Souvent on place des individus provenant de semis, et cela pour en hâter la croissance, dans une
terre argileuse, quelquefois encore à l'ombre de
grands arbres; on laisse à peine entre eux un espace
suffisant pour que l'air et la lumière pénètrent faible-
ment jusqu'au sol. L'écorce se couvre d'exostoses
causées par le puceron lanigère, d'ulcéres résultant de meurtrissures ou de déchirures faites par
des ouvriers maladroits. Lorsque ces sujets souf-
freteux ont acquis une taille suffisante, on les greffe
néanmoins, et l'on augmente le mal en prenant les
greffes sur des arbres malsains. On sait cependant
que les maladies se propagent ainsi, et que pour
certaines variétés de poires, l'amboise par exemple,
il est presque impossible de trouver un jeune arbre
dont le bois soit parfaitement sain.

Les pommiers sont alors transplantés presque
sans précautions dans un sol tout différent de celui
où ils ont été élevés. Là, exposés à la sécheresse,
mal protégés contre les bestiaux et les gens de service, ils poussent à peine et ne donnent enfin une
récolte précaire qu'après de longues années perdues
pour la production.

Certains pépiniéristes livrent, il est vrai, des
arbres vigoureux, dont l'accroissement est rapide;
ils obtiennent cet avantage négatif en reproduisant
les variétés qui se couvrent de bois, mais rapportent fort tard et fort peu.

Je connais un propriétaire qui, fatigué de voir
pousser inutilement des branches superbes, a sa-
crifié la tête de ses pommiers, et, après vingt ans

d'attente, a dû faire placer à la naissance des ramifications des grosses branches des greffes prises sur les individus les plus productifs de sa ferme. Cela nous montre combien on doit apporter de soins dans le choix des plants.

Les inconvénients de la greffe ont fait essayer la reproduction par le marcottage, dont les jardiniers font un usage fréquent et qui donne des sujets se mettant promptement à fruit, mais aux dépens de la taille et de la force. C'est donc une pratique doublement mauvaise. Les cultivateurs jerseyais, que l'on cite pour leur habileté dans la fabrication du cidre, « pensent généralement que, pour avoir de beaux vergers, on doit se servir du pépin et abandonner le mode de propagation par bouturage, dont quelques personnes ont fait l'expérience (1). »

Il nous faut renouveler les espèces, leur donner la vigueur qu'elles ont perdue. Pour cela, il n'est qu'une méthode : la plantation de pommiers francs de pied, provenant de semis et non greffés. C'est celle que j'ai adoptée et qui me donne de belles récoltes.

Dès 1805, on connaissait, dans le département du Calvados, les bons effets de cette pratique ; et si elle n'est pas plus répandue, il faut s'en prendre à l'esprit de routine, qui repousse les améliorations les mieux raisonnées. Nous avons aussi dans la Seine-Inférieure plusieurs exemples datant déjà de loin et qui sont malheureusement trop peu connus.

Le mode de multiplication et d'éducation qu'il faut

---

(1) MM. GIRARDIN et MORIÈRE, *Excursion agricole à Jersey*.

préférer consiste à semer, à la fin de l'automne et
au commencement du printemps, des pépins bien
nourris pris ou sur sauvageons ou sur des arbres
de haute taille. Les plantes les plus fortes sont le-
vées au second hiver et placées, à la distance d'un
mètre les unes des autres, dans une pépinière remuée profondément; on la bêche deux fois par an,
mais on ne la fume pas. Loin de détruire les pousses
qui partent du pied, — à moins que la tige ne soit
très-belle, — on doit choisir la mieux venante,
pour la substituer, à la fin du second hiver, à la tige
que l'on coupe alors. Ce *gourmand* gagne plus en
une année que ne l'eût fait la tige en deux.

On choisit pour la plantation à demeure les sujets
dont les feuilles sont les plus larges et les boutons
les mieux développés. Chez nous, il est utile de
laisser entre chaque pied un espace de quinze
mètres.

Parmi ces *francs*, quelques-uns donnent des
fruits acides et trop petits. On les greffe à l'aide des
meilleures variétés de la cour même. Mais on doit
avoir soin de choisir des variétés analogues quant
au mode de végétation; ne jamais enfin placer une
greffe précoce sur un sujet tardif, ni une greffe
tardive sur un sujet précoce. C'est là une règle dont
on ne saurait s'écarter sans nuire beaucoup à l'équilibre de la végétation; l'oubli de ce précepte a con-
tribué au mauvais état des plantations.

Les avantages des pommiers non greffés sont bien
prouvés; ils se résument ainsi : vigueur de végétation, par suite croissance rapide, taille élevée,
grande résistance aux accidents météorologiques,
partant récolte plus certaine.

Mais ce n'est pas tout que d'avoir de bons arbres;
il faut les planter avec assez de soin pour que les
radicelles puisent promptement dans le sol la nourriture dont elles ont besoin.

Des sujets de rebut tirés d'une terre humide et
fortement fumée, puis placés sans soin, comme
on le voit trop souvent, dans un sol maigre et sec,
tiennent à peine à la terre, s'ébranlent au vent, et
ne récompensent même pas le propriétaire de la
faible dépense qu'il a faite pour eux. C'est la suite
d'une erreur aussi préjudiciable à l'intérêt privé
qu'à l'intérêt public, d'une économie mal entendue.
Là, comme pour la culture des céréales, les routiniers croient qu'on gagne d'autant plus qu'on occupe un plus grand espace de terrain; tandis qu'au
contraire, le produit étant subordonné au travail
accompli, aux capitaux engagés, le grand art consiste à faire rendre le plus possible à la moindre
superficie. Il faut donc avoir des pommiers donnant
beaucoup, et non un grand nombre d'arbres fournissant peu.

Selon M. Dubreuil (1), le pommier préfère les
« sols sablo-argileux un peu graveleux. » Dans les
terres sableuses et exposées à la sécheresse, les
produits sont peu abondants et donnent un cidre
clair et acide. Les sols calcaires communiquent à la
récolte assez faible qu'on en retire un goût de ter-
roir très-prononcé. Les arbres poussent vite dans
les sols argileux; le cidre fait avec leurs fruits a
peu de saveur.

---

(1) *Cours élémentaire théorique et pratique d'arboriculture.*

L'exposition n'est pas indifférente, mais on a rarement le choix. Nos cours du pays de Caux sont protégées par des arbres de haut jet qui ne mettent pas toutefois les pommiers complétement à l'*abri des roux vents*.

Pour planter, on pratique des trous circulaires de deux mètres de diamètre et de soixante centimètres de profondeur, dont on bêche le fond. Les diverses couches de terre sont mises à part et exposées quelque temps à l'air. Elles seront replacées dans un ordre inverse à celui qu'on aura suivi en les retirant, c'est-à-dire que la couche superficielle sera jetée au fond du trou. Il est utile de mélanger à la terre une certaine quantité d'amendements et d'engrais végétal : de l'argile des curures de mares, pour les sols légers ; des débris de murailles, des graviers, de la marne, pour ceux qui retiennent l'humidité.

L'arbre sera orienté de la même façon que dans la pépinière, afin que les rayons du soleil frappent toujours sur la même partie de l'écorce.

Quoique l'on conseille de planter à l'automne dans les terres sèches, je pense qu'il vaut mieux, en prenant les précautions convenables, planter peu de temps avant le retour de la force végétative. M. Louvel aîné, habile horticulteur de Fécamp, en use toujours ainsi avec une parfaite réussite.

Les pieds seront défendus contre la sécheresse par un léger paillis, par des joncs marins , par des binages ; mais une couverture trop forte empêcherait l'air de pénétrer jusqu'aux racines.

Il faut les défendre contre les bestiaux par un entourage de gaules liées entre elles, et ne jamais les serrer dans un cordon de paille longue, cette *armure* servant de refuge aux insectes, entretenant de l'humidité sur l'écorce et empêchant de détruire, dès leur apparition, les bourgeons parasites.

On néglige presque toujours de former la tête des pommiers; c'est un tort grave. Pour moi, je ne laisse, à deux mètres au moins du sol, que deux ou quatre branches. Rabattues l'année suivante à vingt centimètres, elles donnent quatre ou huit branches qui servent de base à la charpente de l'arbre. Je supprime avec soin les bourgeons, qui, affectant une direction verticale, ne manqueraient pas de se transformer en gourmands.

Les racines du pommier s'enfoncent peu, mais s'étendent beaucoup. On conçoit dès lors que des engrais déposés au pied des jeunes arbres agissent énergiquement, tandis qu'ils ne produisent plus d'effet sur les individus âgés. C'est qu'alors les radicelles qui puisent les sucs nourriciers sont éloignées du tronc et en dehors de la circonférence où l'on dépose la fumure, qui se trouve placée sur les maîtresses racines, dont le seul rôle est de soutenir l'arbre. Si un pommier devient languissant, il est bon de le fumer, mais en tenant compte de son âge et en levant les gazons sur une circonférence en rapport avec son accroissement. On laboure le terrain à l'aide d'une fourche et non d'une bêche, qui couperait les racines, puis, au printemps, on dépose sur la surface remuée des curures de mares, mélangées avec de la chaux depuis quelque temps, des gazons décomposées et surtout du marc de pommes préparé comme M. Girardin le conseillait dans ses conférences agricoles. Un hectolitre et demi de terre, un hectolitre et demi de marc et un hectolitre de chaux, bien mélangés, sont recoupés trois fois pendant un an, et donnent un engrais excellent qui fait merveille, parce qu'on rend ainsi au sol une partie des matières qui ont été assimilées par les fruits. Il ne faut jamais se servir d'engrais animaux.

Il ne reste plus qu'à pratiquer des élagages pour supprimer les vieux bois et les nombreux bourgeons qui, croissant sur les branches, empêchent l'air et la lumière de pénétrer dans la tête de l'arbre. Cette opération doit être répétée tous les trois ans. Les branches tendant à s'incliner sont coupées, dès qu'elles s'abaissent au-dessous de la ligne horizontale.

Ces suppressions utiles ont pourtant trouvé des contradicteurs. J'ai lu à ce sujet un singulier incident mentionné dans l'Annuaire publié par l'Association Normande.

Dans le département de la Manche, un usufruitier s'est vu menacé d'une poursuite en déchéance, parce qu'il avait élagué ses pommiers. La routine se plaignait de ce qu'on augmentait la valeur de sa propriété.

Lorsque le gui pousse sur les pommiers, il faut l'enlever aussitôt. Cette plante parasite ne se montre pas chez moi; elle paraît ne pas se plaire là où soufflent les vents de la mer; son apparition indique même le point où cette action cesse de s'exercer. Cependant, elle croît fort bien dans certaines vallées que leur orientation met à l'abri des vents qu'elle redoute. Ainsi, on la trouve souvent dans la vallée de Gournay, auprès du Havre.

Les plantations doivent être toujours régulières, et le choix de la disposition à adopter est très-important. La forme en quinconce est la meilleure; on doit l'appliquer rigoureusement dans les cours que l'on crée ou que l'on renouvelle en entier, parce qu'elle laisse un plus grand espace libre entre tous les points de la circonférence occupée par la tête de l'arbre. Le tracé en est facile. Si l'on suppose un parallélogramme divisé en quatre lignes partant d'un même point, les premiers arbres de la première et de la troisième rangée seront placés à sept mètres cinquante centimètres de ce point, et ceux de la seconde et de la quatrième ligne à quinze mètres.

Lorsqu'il s'agit d'une plantation partielle, destinée à combler des vides, il faut niveler autant que possible le terrain et admettre, quelle que soit la disposition existante, celle que je viens de vous indiquer, bien qu'il en résulte une irrégularité désagréable jusqu'à la suppression des arbres assez bons pour être momentanément conservés ; mais des remplacements successifs compléteront l'œuvre.

Quelquefois on trouve de l'avantage à conserver des arbres dont la tête fatiguée a cessé de produire, mais dont le tronc est sain et vigoureux. On greffe alors les maîtresses branches en choisissant une variété qui entre en végétation, fleurit et rapporte aux mêmes époques que la variété supprimée. Cette opération, faite avec intelligence dans une ferme dont on cite l'habile direction et qui est située tout près de Fécamp, a été suivie d'un succès complet. Les arbres régénérés ont une tête superbe et rapportent très-bien.

La récolte des fruits a besoin d'être faite avec précaution. L'emploi de la gaule brisant les bourgeons et compromettant la récolte suivante, je fais monter, après leur avoir fait quitter les grosses chaussures qui blesseraient l'écorce, des ouvriers dans l'arbre pour en secouer les branches ; et. encore, autant que possible, j'attends la chute naturelle des fruits.

On a lieu de s'étonner que de vastes pentes soient entièrement abandonnées, tandis qu'elles deviendraient productives, si l'on y plantait des pommiers; et cela mérite bien d'attirer l'attention des propriétaires.

Les fruits des poiriers fournissent aussi une boisson agréable, que l'on appelle poiré. Certains poirés, mis en bouteilles, imitent très-bien le vin de Champagne, et j'ai vu plus d'une personne s'y tromper. On plante souvent quelques poiriers dans les cours, que ces arbres élégants et à tête pyramidale ornent singulièrement. Mais la consommation du poiré est très-restreinte, peut-être à cause de l'action irritante de cette boisson.

XXXIII.

LA FABRICATION DU CIDRE.

Vous voilà, dit M. Dugard, en état de diriger une plantation de pommiers; mais il vous reste à connaître la fabrication du cidre, et c'est par là que nous terminerons nos entretiens sur la direction et les produits d'une ferme.

Lorsque les pommes sont ramassées, on en vend une grande partie. Fécamp nous assure un débouché certain; on ne conserve que ce qui est nécessaire à la consommation de la ferme; car on ne spécule pas ordinairement sur la vente du cidre; aussi le fait-on assez mal. La boisson de la plupart des fermes est faible, acide, avec un goût de paille ou de fût ; et pendant toute l'année, on a à subir la négligence de quelques jours.

Pour moi, j'ai fait de la vente du cidre une industrie, comme on la pratique en basse Normandie ; je vends ce produit, qui peut être, grâce à quelques soins, transporté sans inconvénient.

Je ne vous dirai donc pas comment on fait le mauvais cidre que l'on boit trop souvent, mais comment je le fais.

Les pommes passent d'abord dans la *pilerie*, qui n'en est plus une. Ce nom du pays vient de ce qu'on employait de grandes auges circulaires dans lesquelles roulait une meule de pierre qui écrasait les pommes par compression, les *pilait*. Je me sers de noix portant des sections tranchantes, s'emboîtant l'une sur l'autre. Les pommes sont placées dans une trémie ; on met l'appareil en mouvement ; elles sont alors lacérées et tombent divisées dans un baquet.

On les transporte sur le pressoir. Cet instrument est composé d'une grande plate-forme à rebords, portant deux vis en fer, le long desquelles glisse un lourd sommier, que l'on peut faire descendre en agissant sur des écrous. Le marc de pommes étant placé en un tas régulier d'une mince épaisseur, on dispose par-dessus un lit de paille longue, ou mieux une toile de crin, et l'on superpose plusieurs couches semblables. On pose sur le tout un ais sur lequel presse le sommier, et on visse les écrous, que l'on fait agir à l'aide d'un long levier. Le jus, s'écoulant alors, est recueilli, puis placé dans de grandes cuves posées sur de hauts tréteaux dans la cave ; c'est le gros cidre ; il ne contient pas d'eau ajoutée, et donne une liqueur très-alcoolique susceptible d'enivrer ceux qui le consomment imprudemment. Cependant il est préféré pour l'exportation, en ce qu'il se conserve bien, et dans les grandes villes, parce qu'il a relativement des droits d'octroi moins élevés, et qu'on peut le couper avec de l'eau.

Si l'on fait macérer les marcs dans une certaine quantité d'eau, on obtient par expression une nouvelle quantité de cidre encore assez coloré et contenant suffisamment d'alcool.

Enfin, un troisième repassage donne un liquide faible, qui a besoin d'être consommé tout de suite, ou mêlé avec le produit des premiers pressurages.

Quelque parti que l'on prenne, ou de faire fermenter chaque produit à part, ou de les mélanger, il faut toujours suivre le même procédé.

Les jus sont versés dans de grandes cuves. Comme ils contiennent beaucoup de sucre, la fermentation alcoolique se développe bientôt, le cidre *bout*, comme on dit, et il se forme à la surface un amas d'écume épaisse, le chapeau. Les paysans croient généralement que la fermentation en barrique est préférable, en ce que le chapeau qui reste sur le cidre le défend de l'air, et que la lie déposée au fond du tonneau le conserve; leur erreur est très-grande, et la suite de mes explications va vous le montrer.

Pendant que la fermentation s'accomplit, on visite les tonneaux, on les lave à grande eau, et, s'ils ont contracté quelque odeur, avec de l'eau chaude, jusqu'à ce qu'ils l'aient perdue; on les soufre et on les met en chantier.

La fermentation achevée, on laisse écouler le cidre dans les tonneaux, qui sont bien bouchés. Un nouveau travail s'opère alors au sein du liquide, et il est nécessaire de le soutirer dans d'autres barriques. Alors on verse sur le liquide une légère couche de bonne huile d'olive, et l'on assujettit la bonde avec le plus grand soin. Dans cet état, les tonneaux peuvent être expédiés au loin, sans que le liquide en soit altéré.

Si, au contraire, on conservait le chapeau et la lie, qui contribuent à développer une acidité désagréable, il se ferait pendant le transport un affreux mélange offrant l'aspect et le goût les plus repoussants.

Dans quelques fermes (c'est à ne pas y croire) on est encore persuadé qu'on n'obtient pas de bon cidre avec l'eau des citernes ou des sources, qu'il faut employer l'eau des mares couvertes de lentilles et où le jus du fumier s'écoule. Ces fermiers appartiennent à l'école de ceux qui donnent du purin à leurs bestiaux; ils se traitent comme leurs animaux, et c'est justice.

Le cidre du pays de Caux est léger, sec, et d'une couleur ambrée; il a plus de nerf que le cidre bas normand, mais celui-ci l'emporte par la couleur et le corps. Cependant, il garde souvent une saveur douceâtre qui me fait préférer nos crûs, et j'en parle d'une façon d'autant plus désintéressée que je bois ordinairement de l'eau. On peut lui reprocher une légère tendance à l'acidité, et c'est peut-être là ce qui exerce une action fâcheuse sur les mâchoires cauchoises. Vous avez dû remarquer, en effet, combien les belles dents sont rares chez nous.

Dans son bel ouvrage sur les épidémies, Lepech de la Cloture attribue cette altération du système dentaire à la soupe (mais dans les campagnes on la mange presque froide), aux pommes cuites mangées trop chaudes. J'inclinerais à croire que notre cidre en est coupable. C'est une raison de plus pour apporter un grand soin dans sa fabrication et pour empêcher le développement d'une acidité nuisible. On y arrive en prenant les précautions que j'ai indiquées et en mélangeant les diverses variétés, de manière à ce que les pommes dures, dites *raiches* en basse Normandie, qui contiennent beaucoup de tannin, soient en assez grande proportion pour assurer la parfaite conservation du cidre.

XXXIV.

LES MARES ET LES CITERNES.

Je vous ai déjà dit que les habitants de nos plaines creusent des fosses circulaires où ils conservent l'eau nécessaire au ménage et aux bestiaux. L'eau contenue dans les *mares*, restant exposée à l'influence de l'air et de la lumière, se recouvre de lentilles, sorte de végétation aquatique qui cache la nappe entière; elle baigne des plantes; divers animaux s'y développent, y vivent et y meurent; enfin, elle réunit des conditions d'insalubrité qui rendent son usage nuisible. J'en trouve la preuve dans un ouvrage que tous les propriétaires devraient s'empresser de consulter, pour peu qu'ils aient souci de la santé de leurs fermiers.

« Les eaux de mares présentent les plus mauvais caractères, et leur emploi ne saurait être sans
danger; car les principes albumineux qu'elles contiennent, de même que tous les matériaux assimilables par l'organisme humain, sont susceptibles de
produire de véritables accidents toxiques, lorsqu'ils sont ingérés dans l'estomac, tandis qu'ils sont
en voie de décomposition; aussi les populations qui
font usage de ces sortes d'eaux, pour boisson surtout, sont-elles sujettes à contracter des maladies
dans lesquelles les accidents fébriles intermittents,
spéciaux aux affections paludéennes, sont recon-
naissables pour l'observateur attentif. Elles sont
encore plus redoutables, lorsque, par une sécheresse prolongée, la vaporisation du liquide, les
matières albuminoïdes s'y trouvent accumulées en
plus grande quantité (1). »

A côté du mal, l'auteur indique le remède. Il
conseille de ne se servir des eaux de mares qu'a-
près les avoir fait passer au travers d'un lit de
charbon d'os; mais comme il connaît l'indifférence
des campagnards pour ce qui touche à l'hygiène,
il engage les propriétaires ruraux à établir au moins
des mares étroites et profondes faciles à assécher,
afin qu'on puisse en enlever les débris organiques;
à les entourer d'une végétation luxuriante qui mette,
autant que possible, l'eau à l'abri des rayons du
soleil, ou à les couvrir, si cela n'entraînait pas de
dépenses trop considérables.

---

(1) *Des Eaux potables,* par Eug. Marchand, à Paris,
chez J.-B. Baillière, 1855.

Les dépenses, voilà le grand point, et M. Marchand sait sans doute que l'on n'emploie pas souvent son argent en améliorations vraiment utiles ; c'est sans doute pour cela qu'il se montre si réservé. Pour moi, je dis et je répète à mes voisins : Les mares ne sont bonnes que pour les polissons qui glissent sur la glace pendant l'hiver, au risque de plonger dans l'eau refroidie, ou qui dans l'été s'exposent à s'y noyer pour attraper des têtards et des salamandres. Il faut faire comme moi, établir des citernes. Leur construction doit être, en outre, dirigée avec intelligence.

Les matières organiques ne se développant que sous l'influence de la lumière, les citernes doivent être complétement obscures et cependant recevoir l'air extérieur. Ces deux conditions sont faciles à remplir, puisqu'on peut les munir d'un couvercle placé au-dessus du sol et portant sur sa circonférence plusieurs prises d'air dirigées de bas en haut.

Les eaux pluviales sont reçues dans un citerneau où j'ai soin de déposer des graviers, qu'elles traversent avant d'arriver au réservoir principal.

Malgré toutes ces précautions, l'eau des citernes nouvellement construites contracte et conserve souvent longtemps une saveur âcre et caustique très-désagréable. M. Girardin a indiqué le moyen de corriger ce grave défaut (1). Il a reconnu qu'il suffit d'y jeter du noir animal dans la proportion de quatre kilogrammes environ par hectolitre.

---

(1) *Leçons de Chimie*, tome Ier.

XXXV.

LE DÉPART.

La fin des vacances approchant, on ne pouvait pas partir sans consacrer quelques jours à M. Dumont, qui avait fait preuve d'une si grande complaisance pour nos jeunes amis.

Le vieux marin mit une sorte d'orgueil à montrer les changements qui s'étaient opérés en quelques années : le port creusé de deux mètres, travail qu'on exécute également dans le bassin et dans la passe ; l'estacade de carénage, les chalets du vallon de Rénéville ; puis les rues élargies, les constructions nouvelles, le nouvel hôtel de ville, établi dans l'ancien monastère, c'était à n'en pas finir. En effet, Fécamp subit une véritable transformation ; cette ville, si longtemps stationnaire, s'accroît, se modifie et va bientôt recevoir le développement en largeur qui lui a toujours manqué.

Mais de grandes courses sur les falaises, d'excursions sur les rochers, M. Dumont n'en parlait pas. Il était devenu casanier et passait volontiers de longues heures à fumer, les pieds sur les chenets. On n'est pas toujours jeune, et certains rhumatismes, se faisant sentir, le lui rappelaient cruellement. Puis les nouveaux règlements sur la pêche au parc lui avaient fait perdre l'habitude d'un exercice auquel il était fait. En revanche, il était devenu causeur, et c'était plaisir à l'entendre raconter les expéditions aventureuses de sa jeunesse, ses longs voyages en Amérique, dans les Indes ; car il causait bien et ne tombait pas dans de fatigantes redites.

La famille Gérard consacra huit jours à ce brave ami, et ce furent huit jours de fête ; puis il fallut bien se séparer. La rentrée des classes appelait Émile, qui voulait terminer ses études classiques ; Henri devait suivre les cours de l'école préparatoire aux sciences et aux arts ; Eugénie reprendre, sous la direction de sa bonne mère, le cours de ses études interrompues et apprendre en même temps à diriger la maison : science précieuse qu'une jeune fille ne saurait acquérir trop tôt.

L'excursion dans le pays de Caux fera longtemps l'objet de la conversation, lors des réunions de famille. Henri ne rêve plus que champs et bestiaux, et tout fait supposer qu'il deviendra cultivateur.

Si jamais la famille Gérard entreprend un nouveau voyage qui nous donne encore une fois l'occasion d'écrire un volume pour les jeunes lecteurs de la *Bibliothèque morale de la Jeunesse*, nous nous ferons un devoir d'en écrire l'exacte relation.

FIN.

TABLE.

FIN DE LA TABLE.

Rouen. — Imp. A. MÉGARD.

www.ingramcontent.com/pod-product-compliance
Lightning Source LLC
Chambersburg PA
CBHW071755090426
42737CB00012B/1836